満腹の惑星

誰が飯にありつけるのか

木村 聡

弦書房

〈カバー表・写真〉
イフタール（断食明けの食事）を頬張る少女（エジプト）
〈カバー裏・写真〉
右手に難民証、左肩に配給米を担ぐロヒンギャの少年（バングラデシュ）
〈表紙・写真〉
芋の葉っぱ煮込みを喰らう元兵士（リベリア）
〈本扉・写真〉
ひたすら御馳走を食い散らかす断食月「ラマダン」（エジプト）

——写真はすべて著者撮影

目次

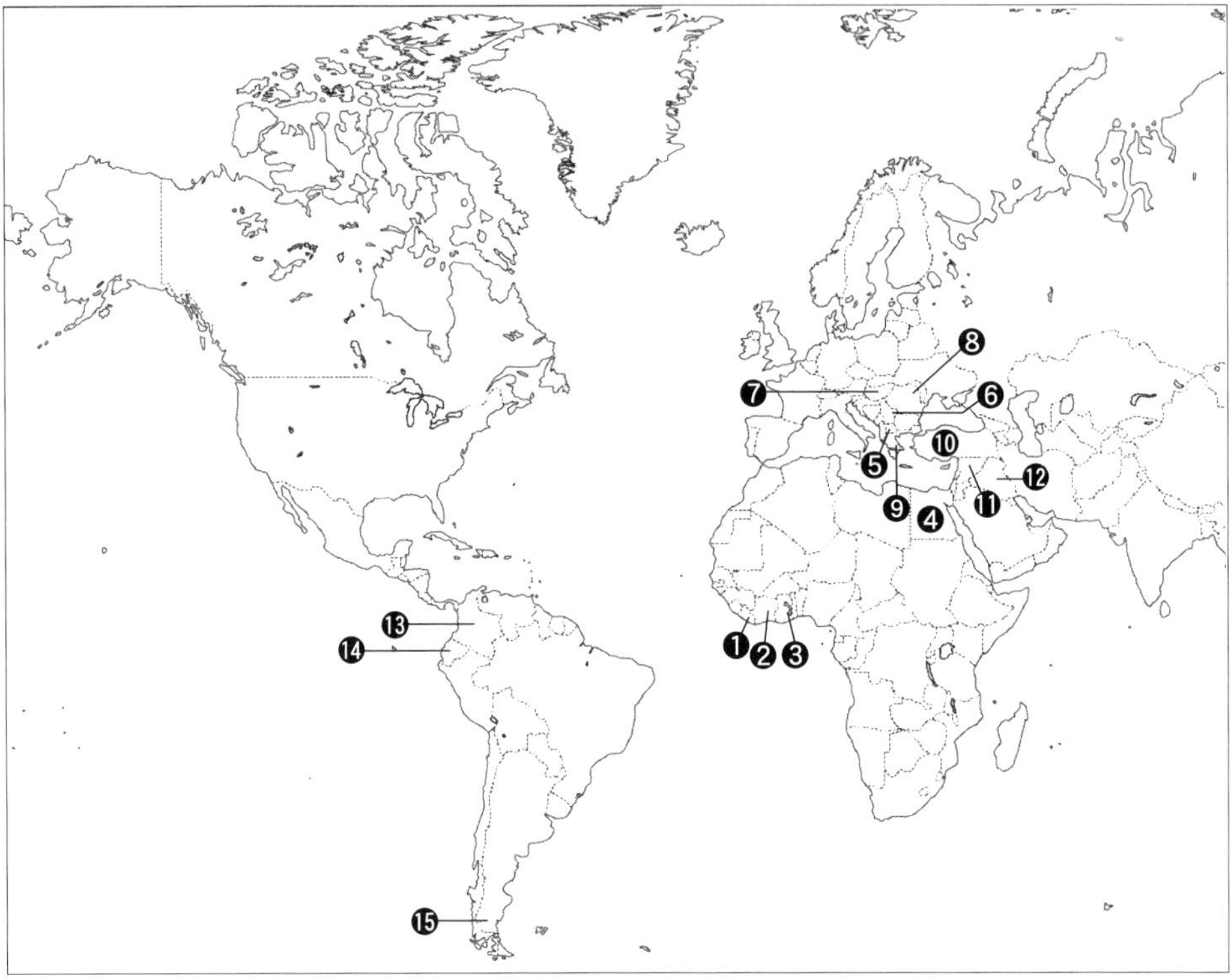

本書に登場する主な国（都市）

上＝❶リベリア（モンロビア）❷コートジボアール（アビジャン）❸ガーナ（アクラ）❹エジプト（カイロ／ルクソール）❺マケドニア（スコピエ）❻セルビア（ベオグラード／スボティツァ）❼ハンガリー❽ルーマニア（ブカレスト）❾ギリシャ❿トルコ⓫シリア⓬イラク⓭コロンビア ⓮エクアドル（エスメラルダス州）⓯アルゼンチン（ウシュアイア）

下＝⓰アフガニスタン⓱パキスタン⓲インド（アグラ／ニューデリー）⓳バングラデシュ（コックスバザール）⓴ミャンマー（ラカイン州）㉑ベトナム（メコンデルタ）㉒日本

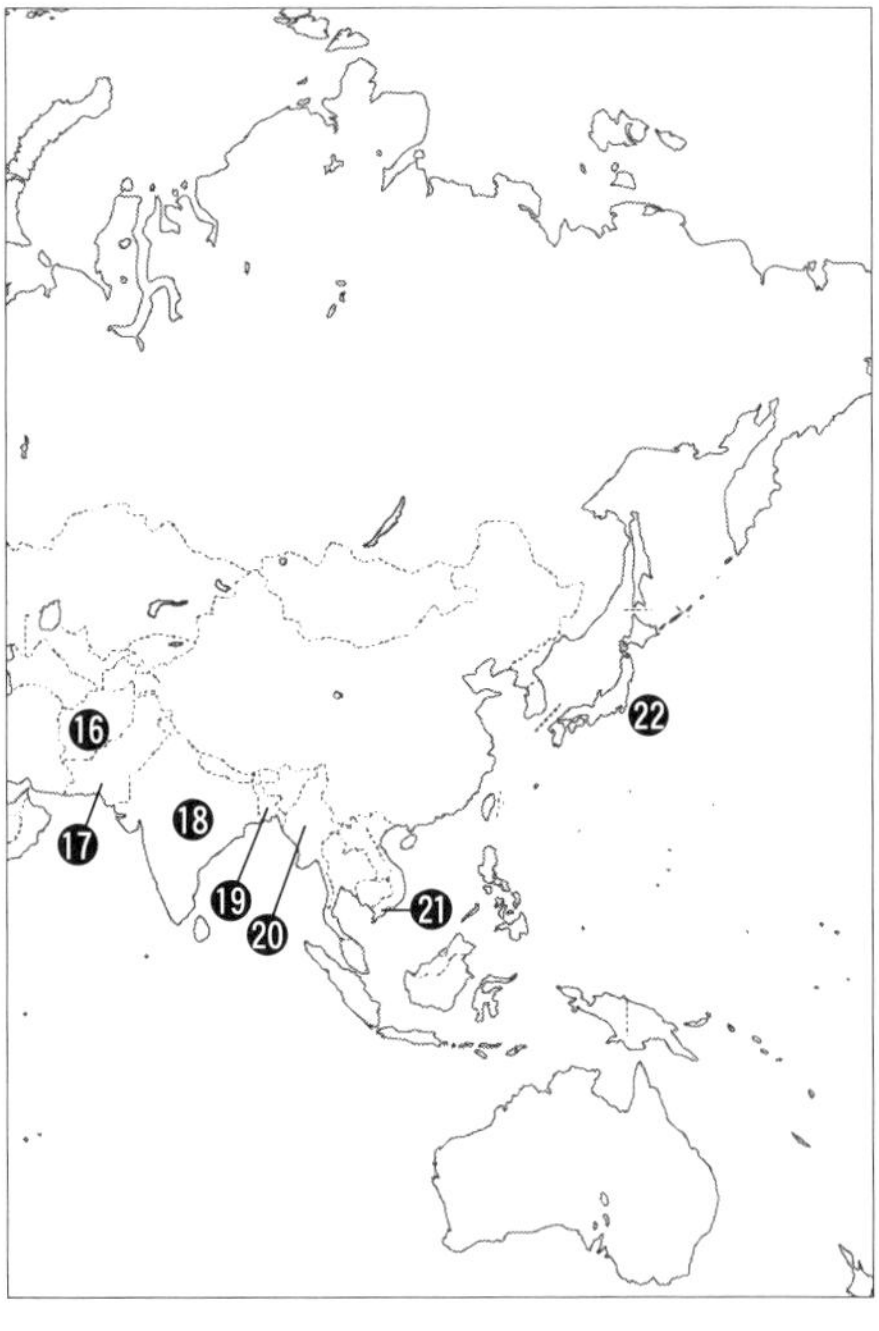

プロローグ

生来「食わず嫌い」というのが理解できない。食われていないのに嫌われちまう食材や料理の身になれば、まったく理不尽なことだ。胸を張って「食わず嫌い」を主張されると、もはや怒りの感情すら沸いてくる。

だからどこに行っても、たとえ見たことがない食材でも、何だかよく分からない料理でも、まずは積極的に口に入れる。結果、たいして美味くないものもたくさん食っているのだけれど、〝膨大に不味いものを食い続けることで、本当に美味いものの味が分かる〟という真理、深淵もあるそうなので、何でも食う、まずは食う、つべこべ言わずに食う、食わずにウンチクなんぞもってのほか、という姿勢はおろそかにしてはいけない。「Don't think, Eat」である。

一九九〇年代半ば、ボスニア・ヘルツェゴビナ紛争中のセルビア。西側諸国からの経済制裁が続くこの国では極端に物資が不足し、ついには〝レストランが秘蔵のワインやらチーズやらを泣く泣く安値で放出している〟なんて噂がベオグラードの街角に流れ始めた。その日は闇両替のレートが思いのほかよくて、予想外にまとまった現金が手に入ったものだから、ここは高級ワインを飲むチャンスとばかりに普段は敷居が高い「PECTOPAH」（キリル文字での「RESTARANT」＝レストラン）へと向かった。

しかしながら、やっぱり渡されたメニューには注文するのを躊躇してしまう高額が並ぶ。端の方にやっと見つけた一品は肉料理の並びの中でダントツに安く、かろうじて堂々と頼めそう。懐具合を考えればこいつをオーダーするしか選択肢はないのだが、キリル文字で書かれているからどんな料理かさっぱり分からない。やがて恭しく目の前に運ばれた皿。こんがり黄金色に揚げ焼きにされた楕円形のカツレツが三つ、乗っていた。

「仔羊の脳みそでございます」

なるほど、肉料理っぽいけど肉じゃないから安いのか！

真ん中にナイフを入れると意外なほど手応えがなく、衣の中からやおら顔をのぞかせる白い塊。食うと絹ごし豆腐ぐらいに柔らかく、でもコッテリ、マッタリ。サックリした衣は香辛料がきいていて、うん、なかなかオツな味だ。五個も六個も食えないが、二、三個ならちょうどいい満足感。さらには焼いた肉に近しいワイルドでパワフルな風味があって、ちょっとしたご馳走感。

これと同じご馳走感は何年か後にも味わう。西アフリカ。内戦で祖国を逃れた難民たちが異国で暮らす収容所だった。

仮設住宅の軒先では男が大きなフライパンいっぱいにゾウムシの幼虫を炒めていて、まわりではその出来上がりをまだかまだかと子供など数人が待ち構えている。いわゆるカブトムシの幼虫に似た姿。でも、やや小ぶりで真っ白なゾウムシの幼虫は、このあたりでは貴重なタンパク源である。難民の彼らにとってはたまのご馳走に違いない。クネクネ動きながら、だんだんと茶色く色付きぷっくり膨らんできた一つを、誰かが我慢できずに摘み出す。横の誰かも口に入れる、堰を切ったよう虫に手が伸び、そんな虫喰らう難民のひとりと目が合った。

「ごめんなさいね、あんたも食べたくて待ってたんだよね」

恐縮しながら受け取って、ゾウムシの幼虫を噛み締める。カリッとした皮がトロトロのオムレツのような濃厚を包んでいた。存外、甘い。醤油をかけたい気分。せめて塩を振って欲しいところだが、うん、でもなかなかオツな味だ。五個も六個も食えないが、二、三個ならいい感じで満足できる。いつか食った脳みそのカツレツにも似た、ワイルドでパワフルなあのご馳走感を思い出した。


――新しい御馳走の発見は人類の幸福にとって天体の発見以上のものである――　ブリア・サヴァラン（『美味礼賛』より）

日本の夏。各地で「セミ会」というのがある。みんなで虫網と虫籠を持って公園などに集まり、木にしがみついているセミを採集し、ついでに土から這い出たセミの幼虫なんかも捕まえて、そうして収穫したすべてを自分たちで調理して食うイベント。いろんな場所で開催され、いろんな人たちが集うのだが、参加して目を剥いた。目を見張った。目から鱗もたくさん落ちた。

アブラゼミは食うとプリッとしていないエビだった。丸ごと素揚げにされているから羽はパリパリ、頭はカリカリ。惜しむらくは、大型のセミであっても食べごたえがある胴体部分が小さい。そんな食い足りなさを感じるほど、うんうん、なかなかオツな味。幼虫は軽く燻製にしてあって、こちらはナッツ類のようなコクと香りがする川エビだった。

セミが「新しい御馳走」だという発見はもうだいぶ古いことらしい。すでに紀元前四世紀には古代ギリシャの哲学者アリストテレスがセミを食っていたとの記録があり、「羽化する前の幼虫がもっとも美味い」「交尾後のメスは卵を持っているので美味い」などと詳細なグルメレポートを残している。アリストテレスから二〇〇〇年以上遅れてそれを知ったのが昆虫学の巨人ファーブル。彼は真偽を確かめるべく自身もセミの幼虫を捕って試食したと『昆虫記』に書き記す。

三年ほど前のことだ。東京都内の公園に「食用その他の目的でセミ等を大量捕獲するの

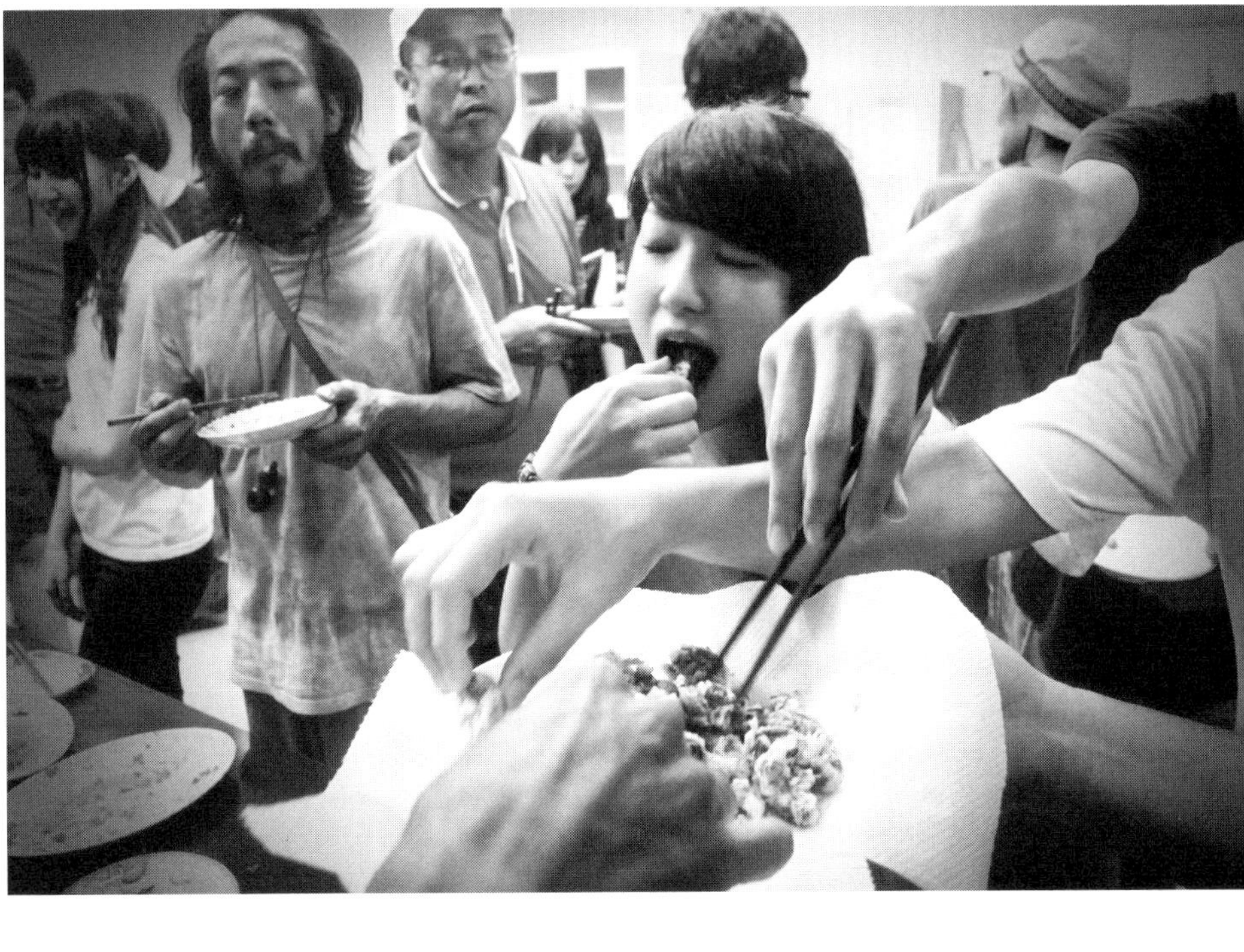

はおやめください」との注意書きが貼り出された。外国人が公園のセミを捕りまくっているという苦情が市民から寄せられ、行政が対応したものだった。大阪に住む知り合いからも「公園に暮らすホームレスとその近所に住む中国人たちが、食うためのセミを奪い合っていますよ」なんて話を聞いたことがあった。こっそり日本でもセミは食われ、争奪される食材なのである。

セミがこんなにも美味く食えることはあまり知られていない。でも、きっと食えばわかる。たぶん食わなきゃ分からない。セミ会の常連にもなると「木に止まっているセミは食材にしか見えません。鳴いているのを聞くと、あぁ美味しそうと思います」とのこと。ただ、わたしにとってはセミの味の発見以上に、セミが食えるということこそが偉大なる発見だった。セミを食いたいかどうかではない。セミが美味く食える食材かどうかなのである。およそ新しい天体を見つけたことはないけれど、セミが優れた食材であることの発見は大きな声で叫びたいほどの驚きと喜びだった。この地球上には実にさまざまな食いものがあり、自分がまだ知らない「御馳走」、つまり「天体の発見以上」の出会いにあふれている。そのことをあの夏のセミたちはしっかりと教えてくれた。

ここで忘れてはいけないのが、その「御馳走」を毎日誰かがを作り、毎日誰かが食っていることだ。「御馳走」とはほかでもない人が生み出しているもの。ようするに、人が何かを食うという行為自体にもまた「天体の発見以上」の幸福がひそむ。日々続けられる食の営みと食への欲望は限りなく生きる人間そのものであり、その喰らう人々の姿の中にこそ、人類にとっての大切な発見が隠されているのである。

そんな「天体の発見以上」を求めて旅に出る。地球という惑星で必死に食い続ける人間たちと、腹を満たそうとする彼らの「御馳走」風景を世界各地に訪ねる。そして、旅に向かう前にもう一つ、美食の古典的名著からあの稀代の食いしん坊フランス人の言葉を添えておく。

――君はどんなものを食べているか言ってみたまえ、君がどんな人であるかを言いあててみせよう――　ブリア・サヴァラン（『美味礼賛』より）

エジプトパン「アエーシ」を食べる（カイロ）

I

少年兵の「おふくろの味」

《リベリア・ガーナ・コートジボワール》

元兵士だった10代の少年（リベリア）

「だから歯がないんだよ、あんたは」

黒人女性がそう言って木の枝を差し出してきた。気のいい、世話好きのおばちゃん風。すでに彼女は木の枝のような棒を口に咥えていて、同じものがもう一本、手に握られこちらをうかがう。

「こうして噛んでると、ほら、先がほぐれるでしょ。さあ、ゴシゴシしなさい。シャカシャカしなさい。ご飯食べた後はちゃんと歯磨きするのが当たり前ってもんだよ」

西アフリカの国、コートジボアールの道端にいる。そこでいましがた食い終わったのは、ギトギトした汁とネチャネチャした塊だった。芋や穀物を捏ねた柔らかくデカい団子に、野菜や肉や魚などを煮込んだスープをぶっかけるという、西アフリカあたりではよく食う飯の基本形である。

しかしながら、とっぷり日が暮れた暗い路上だと皿の上に何が乗っていて、スープの中には何が入っていて、自分がどんなものを食っているのかがはっきり分かりゃしない。スプーンも箸もないから、こいつを周囲の誰もがしているように手づかみで口へと運んでいく。和食の膳でうやうやしくおススメされる「まずは目で味わって、それからゆっくり舌で味わいましょう」なんて食事マナーはここでは到底無理だと思った。なにしろ口の中で得られる〝食感〟の前に、指先での〝触感〟が料理とのファーストコンタクトなのである。「まずは手で味わいましょう」、いやいや、「まずは手探りで固形物を見つけましょう」をしなければならない。それはそれでワクワク、ドキドキの新鮮体験だったが、食の様相としては闇鍋的なただならぬ気配に満ちていた。

ただ、前日から丸一日以上、水以外になんにも口にしていなかった。最初は腹が減っている自覚はなかったのだが、食い始めた途端にどうやら胃袋が目覚めたらしく、本当は自分の体が大いに食物を欲していたのだと気付く。そうなると目は言うまでもなく、もう手も舌も「味わう」ことなんぞそこそこにガツガツ、ワシワシ、ドワァーとこの闇鍋的アフリカ飯を一気に平げてしまった。

いっしょにいた四、五人のおばちゃんたちはこちらをはるかに上回る一気食いで、とっくに同じメニューの皿を終いにしていた。そして、すでに木の枝をそれぞれ一本ずつ口に突っ込んでいて、自分たちがしているのと同じように〝ゴシゴシ〟しなさいとわたしに言うのである。

ではと、ありがたく差し出された棒を受け取る。よく見ると、先っぽの部分だけひそかにつるんと樹皮がむいてあった。どうやらこれは拾っただだの木の枝ではなくて、口の中に差し込んでちゃんと〝ゴシゴシ〟するための、ちゃんと加工を施した、ちゃんとした道具らしい。

まずはおばちゃんたちの真似をしてしつこく棒先を噛んでみる。すると苦い液がにじみ出し、歯磨き粉も使ってないのに泡立ち、やがて木の繊維がほぐれるにつれて口中を上手い具合にゴシゴシできるようになった。ブラシ状になった先端は程よい硬さで痛くもなく、歯の間に挟まった謎の肉片や、歯の裏に粘りついた捏ねもののもけっこうスッキリ取れる。アフリカの天然歯ブラシ、なかなかの優れものだ。

世話を焼いてくれたおばちゃんたちも「それでヨロシイ」といった感じで満足そうに頷いている。そもそもわたしの前歯二本が欠けているのは歯磨きをしなかった訳じゃないのだけれど、ならばとさらに大きく口を開けて欠けた前歯あたりを磨いて見せたら、いっそう満足そうに笑ってくれて、その笑うおばちゃんたちの漆黒の顔からはいたく並びのいい真白い大きな歯が見せ返された。

なんとなくほのぼのした空気に包まれる。もう夜に差しかかっていたコートジボアールの大都市アビジャンの路上。ここの屋台で出されたたった一皿の飯が、わたしだけではない、この旅をともにする老若男女に少しだけホッとする時間をくれた。不思議なもんだ。それまでのいたく張り詰めた緊張感も、先行きを案じる不安な気持も、飯を食っている間だけはどこかに行ってしまっていた。何かを食べる。しみじみと歯を磨く。それ以外のことは束の間、忘却の彼方へと追いやられた。

「出発しま～す」

食後の「当たり前」が終わるのを見計らって、車掌のプリンスが叫んだ。

再び二〇人ほどがぞろぞろとバスに乗り込み席に着く。目的地まではまだまだ遠かった。バスはなにかを思い出したように、また夜のアフリカを爆走し始める。すでに二日昼夜が過ぎ、予想に反して旅はさらに三日を要することになるのだが、思い返せばコートジボアールで食ったこの路上飯が、四車中泊五日に及んだ全行程中で、ほぼ唯一のまともな食事機会だった。

望郷の難民バス

バスが出発したのは前日の昼下がりだった。スタート地点はコートジボアールの東隣の国ガーナ。二五人ほどが乗り込み、車内は補助席を含め座ることが出来るシート全部が人と荷物でぎっしり埋められていた。

乗客はふたりずついるガーナ人とナイジェリア人を除き（おっと日本人もひとり）、ほかすべてはリベリア人だった。ちなみに運転手と車掌もリベリア人である。そうしたリベリア人の彼ら彼女らは、バスの出発場所となったブジュンブラ難民キャンプに暮らしている人たちだった。

首都アクラ郊外に作られていた、最大で五万人ほどが身を寄せるもはや〝町〟のように

難民帰還バスの乗客たち（コートジボアールとリベリアの国境付近）

人が行き交う広大な場所だった。そこには着の身着のままでつい最近やって来た新参もいれば、他国各地の避難所を転々とし流れ着いた者も、もうなん年も暮らしていて〝町〟の外の町で仕事を得ているベテランもいた。バスの乗客にしても、来歴や年齢や抱える荷物もさまざまだったが、共通するのは誰もが「リベリア難民」と呼ばれる人たちということである。母国のリベリアで起きた内戦で故郷を離れざるをえなかった人々、遠い異国でもうずいぶんと長い仮住まいを強いられている人々だった。

バスはそんなリベリア難民が調達したものだった。実はリベリアでの戦争がこのとき少しずつ鎮まりかけていた。そうなると「故郷へ帰りたい」「離れ離れの家族や友人に会いたい」と思うのが必然なのだろう、意を決した誰かが一台のマイクロバスをしつらえ、難民キャンプがあるガーナから故国リベリアに向かうこの旅を企てたのである。これは定期運行している路線バスではない。リベリア難民がチャーターした、リベリア難民自身のための、リベリア帰還特別便。だから旅程は行ったきりの片道。時刻表もなければ、決まった運賃もない。

そんな貴重な機会を提供する難民帰還バスにリベリアと関係のない外国人が乗車できたのは、バスのチャーター代を補填するためだった。おおむね多くの金を払える者がいない難民の乗客にあって、難民以外の客も少しだけ乗せ、そこから少しだけではない運賃をもらおうという算段らしい。かくしてビジネスマンだと名乗るガーナ人は大量の靴下が入った鞄を抱え、リベリアに大事な用があると語ったナイジェリア人は謎の黒いアタッシュケースを抱え（おっとカメラバックを抱えた日本人もひとり）、この難民バスの座席にありついたという訳。

ブジュンブラ難民キャンプを出発するとバスは西へ、尋常じゃないスピードでひたすら落ちる太陽に向かって走った。悪路もおかまいなし。車も乗る人間も上下左右に壊れそうに揺れている。

「しかたがない、国境が閉まっちゃうのよ。日が暮れる前までにアイボリーコースト（「コートジボアール」の英語読み。旧宗主国フランスが付けた仏語国名ではなく、英語が公用語のリベリア人などはこう呼ぶ）へ行き着かないと、明日の朝まで国境を通過できなくなるから」

右隣に座ったドリスはわたしの腕へとしがみつき、爆走するバスの理由をそう説明してくれた。でも、コートジボアールの国境まではまだ二〇〇キロメートル以上あった。どう走ったって日暮れ前の到着は無理である。やはり間に合わないと気付くのにそう時間はかからなかった。程なくバスは爆走をやめて急速にスピードを落とす。

しかし、それでは乗客であるリベリア難民たちが収まらない。なおも車を飛ばせ、早く行けと理不尽に急かす。ずっと待ち望んだ帰国だ。火が着いた〝望郷の念〟は膨らむばかりで、激しく車内に渦巻く。

そんなざわつく車の外では、もう諦めろと言わんばかりにどんどん太陽が沈みゆく。向かう旅先に〝望郷の念〟などないわたしは騒々しさをよそに車窓から外を眺め、雄大な風景にいたく感動していた。

――ああ、どうしてアフリカの夕陽はあんなに大きいのだろう――。

熱帯雨林に浮かぶ赤橙色の丸い塊は、異様なまでの巨大さ、バランスを欠いた不可思議な縮尺で、前方をドラマチックに染めている。

そして、その美しい夕景のところどころには家があり、夕食を作っている最中なのだろうか、それぞれから煙が立ち上っているのが見えた。黄昏のアフリカは夕食どきである。街道沿いには野菜や魚などの食材を並べ売る人がポツポツ立っている。気になったのは、小動物の足を持ち、手でぶら下げている女子供が意外に多くいたことだった。

「グラスカッターだよ。罠を仕掛けておけば子供にだって簡単に獲れちまう。あれはフーフーにすると最高に美味い」

いきなりそんな声が聞こえた。少し落ち着いた後部座席からだった。

フーフーとは、タピオカの原料としても知られるキャッサバ芋を、まるで餅のように臼と杵でついて、出来上がりもモチモチしたほぼ餅のような食べものである。このキャッサバ餅もアフリカ飯の基本にのっとって、肉や野菜の煮込みスープと合わせて食うのだが、説明をする後部座席の男によれば、でっかい野ネズミ「グラスカッター」を煮込んだ汁と抜群に相性がいいのだそうだ。しかし、これには前方座席から異論が出た。

「おれは魚だ。フーフーにはティラピアがいい」

さらに、その隣もフーフーには一家言あるらしく、

「そこにオクラを入れなきゃダメだ」

先を急がせる殺伐とした空気からは打って変わって、いつの間にやらバス内は食いものの話が席巻し始めていた。あっちからは「これが美味い」、こっちからは「あれが食いたい」とアフリカ人が言い合って、結局はまたざわつく。ただ、こちらの騒がしさはちょっと楽しげ。

「あたしゃフーフーなんかより、どうしたってポテトグリーンが食べたい」

そう言い放ったのは幼い女の子を抱えて座る女性だっだ。彼女の言葉が聞こえた周りはちょっとだけ静まって、発した人物の方に目を向ける。

「この子には美味しいポテトグリーンを食べさせてやるのさ。なにしろそのためにリベリアに帰るんだからねぇ」

女性と幼女は親子かと思っていたのだが、聞くと女性と一緒にいるのは彼女の孫娘らしい。避難先のガーナで生まれ、今回初めてリベリアに連れて行くのだという。誰が父親か分からず、母親も産んですぐに死んでしまい、今は祖母である彼女が育てている難民キャンプ生まれの子。その孫に食わせたい、孫と食いたいと話す「ポテトグリーン」とは、バ

スが向かっているリベリアという国の懐かしい故郷の味のようで、これには後方も前方も、隣に座るドリスも異論はない様子だった。

「早くポテトグリーン食べさせてあげないと。ねえ、もっと早く行っておくれよ、いつになったら着くのさ」

とドリスがあらためて言い始める。バスの中はやおらポテトグリーンで盛り上がり、国に帰ったら何を食うかで盛り上がり、そして再びどうしようもなく望郷への想いが渦巻く。日が暮れた西アフリカのギニア湾岸通り。リベリア難民たちが抱く〝望郷〟とは、なんだかすっかり祖国リベリアで喰らう〝飯〟のことになっていた。

壊れた国の葉っぱ飯

これでもかと次々と不幸が襲いかかる国だった。国名の由来は英語の「リバティ(自由)」。西アフリカの小国リベリアはアメリカからの解放奴隷が移り住み、一九世紀半ばに建国された近代アフリカ最古の独立国家である。だが、そんな輝かしい歴史とは裏腹に、一九八九年に始まった内戦によって国土は荒れ果て、当時の三〇〇万人ほどの国民は半数以上が国内外で難民となり、リベリアは世界最貧国の一つへと堕ちていく。

内戦の発端となる武装蜂起をした、そもそもの戦乱の首魁チャールズ・テーラーが一九九七年に大統領の座に就きいったんは戦乱が収まったもののも、今度は別の反対勢力が武装蜂起して再び内戦へ。結局はテーラー自身も国外に追放さるのだが、その間ずっと、十数年に渡って殺戮と停戦が断続的に繰り返された結果、世界はいつしかこの国での出来事に関心を失い、リベリア紛争は人々から「忘れられた内戦」と呼ばれるようになる。現地にあった日本大使館も一九九〇年に撤収した。それ以来、やはりもうこの国を忘れてしまったのだろう、日本から職員はいまだに戻って来やしない。

重い腰を上げた国際社会の協力もあって、二〇〇三年にとりあえず内戦はおさまったものの、国を立て直す間もなく今度は感染症「エボラ出血熱」が大流行する。二〇〇五年の選挙によって大統領に就任したアレン・ジョンソン・サーリーフ、このアフリカ初の女性大統領にしてノーベル平和賞を受賞する稀有なリーダーであっても、殺人的な疫病エボラ出血熱にはお手上げだった。一気に国内で約五〇〇〇人が死亡したとされるパンデミックを前にして、

「本当の犠牲者なんか分からない」

とただぼう然と自国の惨状を話すだけで、彼女は再び国際社会の協力を仰ぐことしか出来なかった。

わたしがリベリアに初めて訪れたのはエボラ前の内戦中。内戦と内戦のすき間にあった、

束の間の和平が訪れた瞬間だった。ガーナからリベリアへ向かう、まさに今回のこの帰還難民たちに同行したバス旅でなのだが、彼らとの旅は次から次へと不幸に見舞われる祖国の有り様とどうにも重なった。

難民を乗せたバスはガーナからコートジボアール、コートジボアールからリベリアという二度越えなければならない国境はもちろん、移動中さまざまな場所で行手を遮られ、道程は遅々として進まなかった。警察だったり、軍隊だったり、よく分からない土地土地の者だったりが「チェックポイント」と称してバスを止める。そして、強引に乗り込む彼らは一様に現金を要求した。金など持ってないのを知っていながらあえて大金をふっかけ、あーだこーだと小金をせびる。払わなければすべてに滞った。警察たちが強腰に出る最大の理由は、バスに乗っている人間のほとんどがパスポートを持ってないことだった。当たり前だ、みんな着の身着のままで国を逃げ出た「難民」なのだから。そこには「人道」なんて言葉とは無縁の、人の弱みにつけ込んだ、より弱い者への嫌がらせやイジメがあるだけだった。

「おれたちの国に入りさえすればこんなひどいことはない。もうすぐ美味いポテトグリーン、食えるからな」

腹をすかせた難民たちはトラブルの度に、わたしに、いや、なによりみずからに言い聞かせるように呟く。

支援食糧などを売る難民キャンプ内の市場（リベリア）

ガーナの難民キャンプを出発して三日目の夜、やっとコートジボアールからリベリアへの国境を越えた。待ち望んだ祖国はすっかり暗闇の中にあった。

出入国者を管理するイミグレーション・オフィスは、密林を切り開いた場所にある粗末な木造の建物だった。バスの乗客は暗い小部屋にひとりひとり呼び入れられた。待ち構える係官からは机を挟んで不審と冷酷な眼を差し向けられ、部屋に入るとバタンと戸が閉まる。自動小銃カラシニコフを肩に下げた男が戸を隠すように背後に立った。

「リベリア人と偽って入国するゲリラがたくさんいるので、そいつらを探し出さなければならない」

とイミグレ係官からは説明を受けた。ただし、異質な存在でゲリラの疑いもあろう非リベリア人（つまりはわたし）より、自国民であるはずの帰還難民たちはいっそう執拗に尋問されているようだった。祖国はけっして彼らを手を広げ待っていた訳ではなかった。まるで犯罪者の取り調べのように、入国者たちは夜通しチェックし続けられている。「おれたちの国」に入った途端、「おれたち」はこの旅でもっとも厳しい仕打ちを受けることになったのである。

久方ぶりに自国で眠る夜だろうに、難民たちは密林に留め置かれたバスの中で朝まで過ごした。結局、だいぶ陽が登っても数人が戻って来なかった。入国を認められず追い返されたか、拘束されたのだろうとプリンスは話し、仕方なさそうに難民バスを出発させる。

アタッシュケースを抱えたナイジェリア人が吐き捨てるように言った。

「もうここはリベリアだ。奴らリベリア人は全員がすぐに戦争し合う人殺し。一番ひどいのはこの国なんだ。気を付けろよ、毒が入ったポテトグリーンを食わされるぞ」

言葉を返す者はいなかった。

*

バスの中はまるでウサギ小屋のようだった。ハプニングが起こると乗客たちはすぐに慌てふためき、過剰に怯え、無策で思考停止に陥る。そんな中、ドリスだけはいつも冷静で凛とした佇まいで座席にいた。無関心そうなのに、ときどき張った声で的確な発言をするので、ウサギ小屋では一目置かれるリーダー的存在になっていた。

「もうここはニンバね」

国境を離れ森に囲まれたデコボコ道を走っている途中、前の席のちょっと年上の黒人女性がわざわざドリスに振り返って声をかけた。

「そうね」

ドリスはただそれだけ言って、目を外に向ける。一九八九年から九〇年にかけて、リベリア中北部のここニンバ郡から全土に戦火が広がったのだという。長い長い内戦が始まるきっかけとなった場所だった。

「このあたりで親戚が殺されたんだよ」

前の座席の女性は振り返ったまま話し続ける。知り合いの一家が皆殺しになったのだと反対隣の男も語り、その隣の女も、また隣の男も、続々とまわりの座席から〝殺戮の悲劇〟が吹き出した。

「家族が殺されたなんて、みんな同じなのにね」

ドリスはそう話し、いくつもの言葉が向けられても、

「そんなことリベリアじゃ珍しくない、もういいでしょ」

と素っ気なかった。それまで彼女に聞かされていた言葉の端々から、旧政権の要職にあった夫を目の前で殺されたこと、我が子の行方が分からないことなどの、けっして小さくない絶望を抱えているのは感知させられていたのだが、自分からはあまり悲しい境遇を語ろうとはしなかった。

バスは夜を徹してニンバの一本道を走っていた。あきらかにドライバーは疲れ果てていて、しかも悪路で危険な夜道と分かっていても、自分からは走行をやめて休憩を申し出る気配はなかった。とにかく先へ先へと走りたがっているすべてのバスの乗客。そんな中で突然、座ったままドリスが歌い始めた。

「ゴートゥー・ライベリア〜、ゴートゥー・ライベリア〜」

誰もが知っている有名な歌なのだろう、ほかの乗客たちも次第に声を合わ歌い出す。

「リベリアに行こう、リベリアに行こう、リベリアに行こう」

サビの部分がなん度もなん度も繰り返された。その歌は重ねられるごとに大きくなって、強くなって、乗っていた難民全員が、車掌のプリンスも最前列で、ドライバーすらも運転しながら声を上げた。

わたしはただただ圧倒されていた。狭いバス内を見回しても、暗闇に浮かび上がるのは黒人たちのおぼろげな輪郭と、ヘッドライトに反射する白い歯だけだった。哭声、嘆声、涙声、叫声。国歌のごとき勇敢に歌い上げる祝い歌ではなく、哀しみに満ちた大合唱だった。もうどこを走っているのか分からない。延々と続く歌声はバスの中に充満し、収まり切らずに溢れ出し、アフリカの深い闇に染み込んでいくように感じた。

ふと気付くと、それまで先頭で歌っていたドリスの声がいつの間にか聞こえなくなっていた。横を見れば彼女はうなだれ、すくみ、小さく座っている。あんなに凛としていたドリスが壊れそうに弱々しく、怯えるように体を縮こませていた。周囲の歌声からぽつんと取り残され、そこだけ難民も戦争もリベリアも消え、たったひとりの女性がいた。顔を伏せ肩を震わせ、声を出さずにドリスはすすり泣いていた。飲み込みきれない嗚咽が漏れ、必死に自分を支えるようにネックレスの十字架を握りしめ、彼女は泣き続けた。涙は手にしたたり、膝にしたたり、顔全部を濡らし、やがてドリスははばかることなく大きな声をあげて泣いた。


難民バスは五日をかけて首都モンロビアに到着した。

「あそこのビルは綺麗な建物だったけど、あんなにボロボロになっちゃって」

「こっちは何にも残ってない。全部壊れてるわ」

「あんたの家もなくなってるでしょ」

窓から見える景色にはしゃいでいた難民たちは、やがて無言になり、じっと見つめるだけになった。そこにあったのは数年ぶりに会う故郷の懐かしい風景と同時に、変わり果てた祖国の姿だった。旅を終えた難民たちは静かにバスを降り、屋根も壁もない家が並ぶ路地や、崩壊したビルの隙間や、ぼんやりと人がしゃがみ込む打ちひしがれた街に、埃だらけの姿のまま吸い込まれていった。

ドリスの家は街中の高台にあった。戻るとやはり家財道具すべて持ち去られていた。屋根と壁だけは破壊されておらず、かろうじて家の体裁を保っているのは幸運だったろうが、それにしてもなに一つ残ってない。誰もいないガランとした部屋に入り、ドカンと荷を置いた拍子に飛び出した彼女のパスポート。ギニア、コートジボアール、シエラレオネ、ガーナなど、アフリカ各国の出入国スタンプが押されているのが見えた。数々の難民キャンプを渡りあるいた逃避の旅の痕跡だ。深く息をつき、しかし、くつろげるような椅子も

ソファーもない部屋の真ん中で、落ちたパスポート拾い上げたドリスは、

「お腹すいたわね」

とまず言った。

家の外は壊れた街だった。彼女はやおら路上に出て行って、しばらくすると鍋を携え戻ってきた。背後には痩せた老齢の男性がひとりいる。かつて彼女の家で働いていた、いわば使用人だそうで、近くに小屋を建てて住んでいたのだという。男は手に皿を持っていた。盛られているのは炊いたコメのようだ。そして、ドリスはそこに鍋からのグリーン色したペースト状のソースをかける。

「さあ、食べましょう」

鮮やかな「グリーン」の正体は「ポテト」の葉だった。そう、これこそが「ポテトグリーン」。使われている「ポテト」はジャガイモではなく基本的にはサツマイモらしく、その緑色した柔らかい葉を炒め、肉やスパイスとともにグツグツ水分が少なくなるまで煮込んで作る料理だという。それをパサついたコメに添えて、手で混ぜながら食う。何かをちゃんと口にするのはコートジボアールのアビジャン以来だった。「ぺぺ（唐辛子）」がたっぷり入った初めて食うポテトグリーンは、空っぽになっていた胃袋にぽっと火を灯してくれたように感じた。

「やっぱり、ウチで食べるご飯がいちばん美味しいねえ」

廃墟に暮らすモンロビア市民（リベリア）

とドリスは油まみれの手でしみじみと話す。日本の実家に住んでいるわたしの母親も、旅行から「ウチ」に帰った途端、決まって同じように言っていたことを思い出した。「ウチ」にいたるまで旅のレベルはあまりに違いすぎるのだが、どちらも安堵の表情をし、その言葉を口するのがたいそう可笑しかった。

「ガーナでもどこでもポテトグリーンを作って食べたけど、美味しくないの。だからもう何年もこうして自分のウチで食べたいと思ってた。夢に出てきたこともあるわ。ようやく、やっと、リベリアに帰って来られたのね」

壊れ果てた国の、壊れ果てた首都の、壊れ果てた自宅だった。壮大で過酷な旅から戻った「ウチ」はすっかり崩壊しているのだけれど、それでもそこで食べることがドリスがずっと待ち望んでいた満腹の情景だった。難民となった彼女はひたすら美味いポテトグリーンを食べたかったのである。そして、このポテトグリーンを美味いと思えた瞬間こそが、なにより「ウチ」に帰ってきた証だった。

〝尻だし将軍〟と食ったもの

ドリスの家からすぐのところに広大に開けた土地があった。そこはコンクリートの棺がデコボコに低く並ぶ墓地。首都の真ん中に忽然と存在する墓石の群れは、周囲の崩れかかったビルや苔むしたトタン屋根の家々に比べて真新しい色合いだった。墓標に刻まれている死者の没年没時は数か月、数週間前のものが圧倒的に多く、沈滞し荒んだ首都でそこだけが現在進行形の姿をしていた。

　通りかかるといつも小さな子供たちが飛び回って遊び、周辺に建つバラック小屋にはごちゃごちゃと人がうごめいている。その日は数人が瓦礫の隙間で煮炊きをし、崩れた墓石に座って飯を食っていた。手に持った皿の上を見やれば、また、例のあの緑色した葉っぱの煮込み飯だ。

「これはポテトグリーンとは違うんだよ。キャッサバリーフって言うんだ。食うかい、とっても美味いぞ」

　と皿を持った若者がこちらの視線に反応する。あたりには体じゅう泡だらけにした男や、体を横たえた男などがいる。たいがいは上半身裸。隆起した筋肉。彼らは墓掘りの作業を終えたばかりだと言った。墓地にある廃墟の廃屋は、そんな彼らの食卓であり風呂場であり寝ぐらだった。

　お言葉に甘えて同じものを食わせてもらう。見た目も味もほとんどポテトグリーンと変わらなかった。ただし、同じ芋の葉っぱでもキャッサバはサツマイモよりやや粘り気があるようだ。

　豆と少々の骨付き肉が混ざっていた。何かの臓物も入っているが、肉も含めどれもこれ

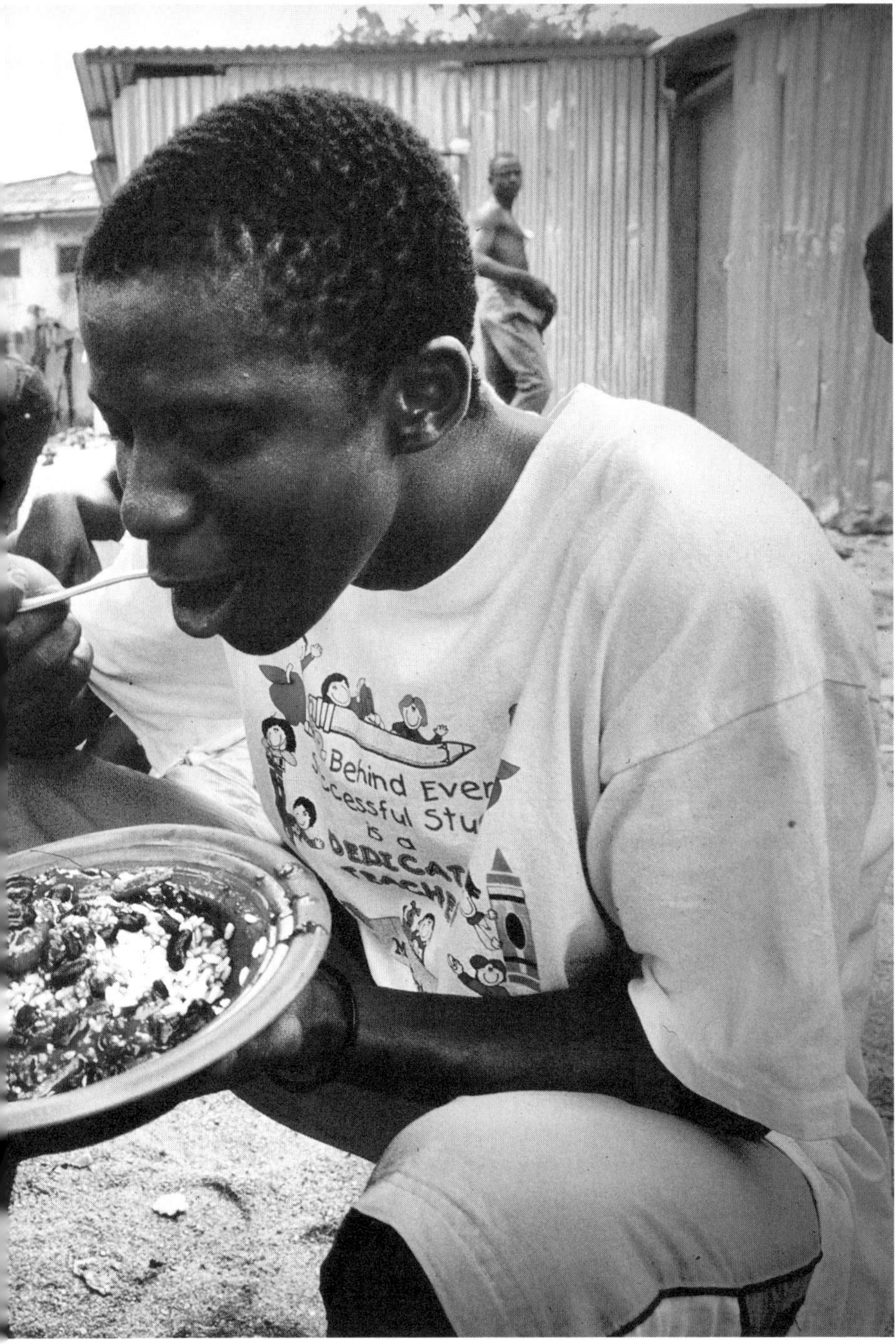
Behind Ever
ccessful Stu
is a
DEDICAT

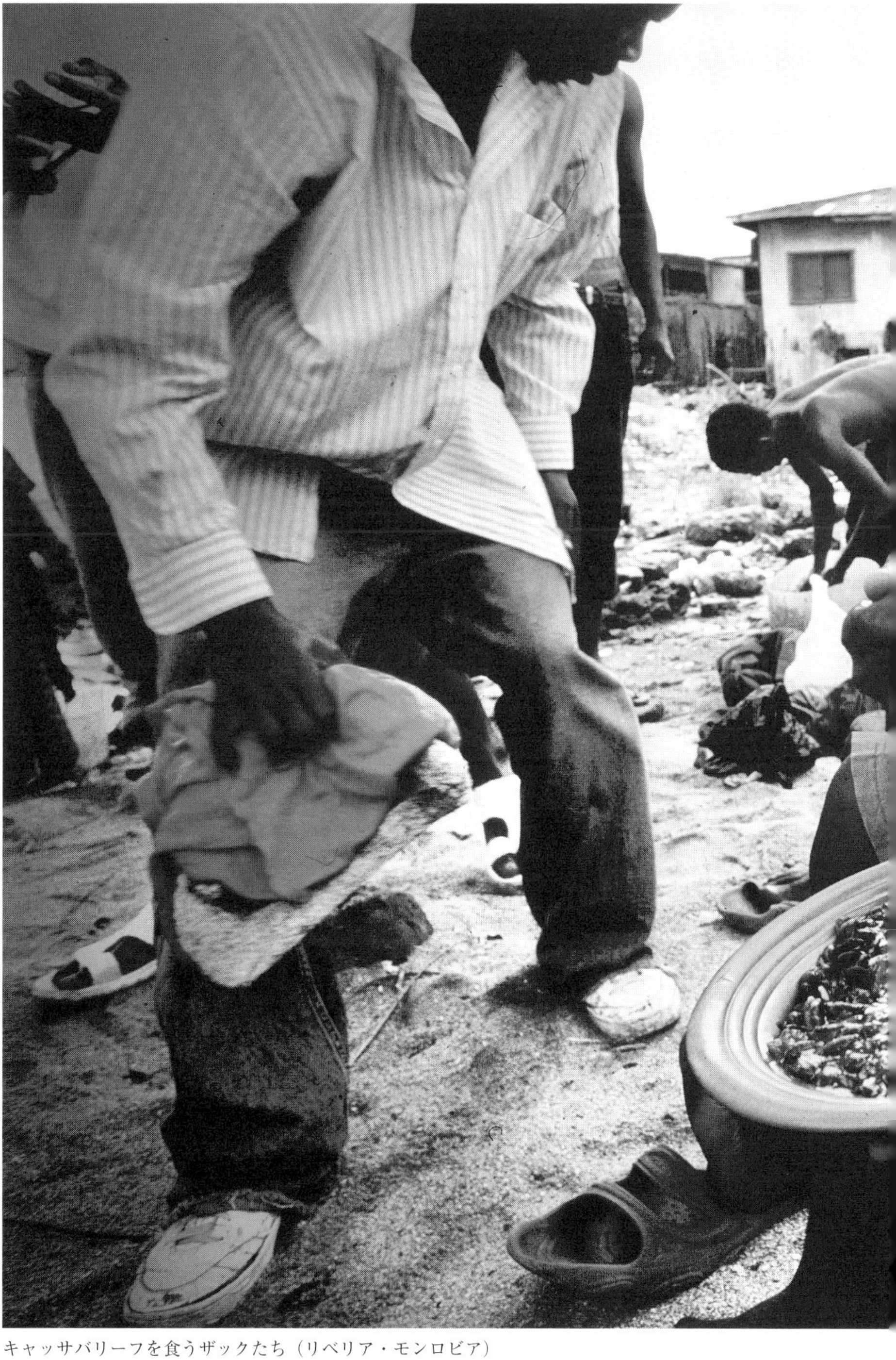

キャッサバリーフを食うザックたち（リベリア・モンロビア）

もどこぞからか掻き集めた屑物のごとき小片だった。世界のあちこちにこうした必死の挙句に生み出される屑物料理はあるが、往々にしてしばしば刮目するほど美味く、このキャッサバリーフも例外ではなかった。曖昧な固形物を内包するギトギトのスープは複数の味が混じり溶け合い、ひたすら濃く刺激的に辛く、でもあくまで芋の葉っぱが主役なので意外とサラサラ口から喉を通っていく。その煮込まれた葉が適度なとろみを生み出しているからコメの飯にぶっかけて食うと、どうしようもなく合う。ほうれん草をペースト状にして入れるインドの「サグカレー」のようでもあり、ブラジルの黒豆煮込み料理「フェジョアーダ」に似た感じでもあった。

リベリア人の主食はコメである。そして、キャッサバリーフにしても、ポテトグリーンにしても、コメ粒によくまとわりつき、コメをいっぱい食うことができる、いかにもコメ食い民族が考え出しそうなすこぶるの名品だと思った。ちなみに、現在、病気に強いアフリカ米と収量が多いアジア米を掛け合わせた「ネリカ米」(New Rice For Africa)がアフリカの国々で普及しているが、開発した本部は内戦前のリベリアに置かれていた。きっとこの国の人たちもコメは愛すべき重要な存在なのだろう。コメに合う食事というのは、コメ食い民族にとってまったくもって正義なのである。

また、内戦でこの国が混乱するきっかけの一つには、政府による強引な米価の値上げと、それに反対する人々の抗議行動があったと言われている。リベリア紛争の背景については産出する地下資源の奪い合い、いわゆる「ブラッド・ダイヤモンド」（血に染まったダイヤモンド）の話が多く語られるが、実は日々食う飯の事情にもこの国はひそかに揺さぶられていた。内戦の裏には主食のコメの存在があった。

＊

いつも墓場でキャッサバリーフを食っていた連中に、ひときわ体の大きな若い男がいた。彼は自分たちと同じように芋の葉っぱ飯を「美味い、美味い」と唸りながら食う東洋のコメ食い民族に興味を持ったようで、近寄って来ていろいろ話を始めた。

「あんたニンバを通ってここに来たのか。おれたちもニンバあたりには何度も行ったさ。なにしろおれはあのブライの部隊にいて、コマンダー（司令官）だったからな」

最初はこちらへの質問を繰り返していたが、聞いているうちにそもそもは自分の話をしたかったのだと彼は気付いたみたいで、身の上話や自慢話のようなものを中心にどんどん饒舌になっていった。

彼はザックと名乗った。歳はまだ一六か一七の、いわゆる「元少年兵」だった。リベリアでの戦争が語られるとき、決まって登場する、過酷な戦闘にかり出された子供たちのひとりである。「忘れられた内戦」の不条理や非人道性は、この年端もいかない戦闘員の存在がもっとも象徴し、体現しているとも語られていた。

そんな元少年兵ザックの話の中に登場し、しかもどこかヒーロー扱いする「ブライ」とは、欧米のジャーナリストたちが〝尻だし将軍〟と名付けた武装組織の軍人ジョシュア・ブライのことだ。内戦中、全裸になって戦闘を指揮し、狂ったように虐殺を繰り返した男である。噂では、彼が率いた部隊では戦争で親を失った孤児を集め訓練を施し、さらに酒とドラックによって恐怖心と正気を奪い、もっとも過酷な前線に彼ら「少年兵」を向かわせていたともっぱらだった。

「おれはブライみたいになりたかったんだ」

ザックはコートジボアールの国境近くの村の出身で、ずっと森の中で戦っていたという。初めて首都近くに来てからは自由に略奪し、上官から支給されるマリファナに酔い、同世代の仲間といっしょに銃を乱射した。殺して、逃げて、彷徨って、それはどうしようもなく過酷な人生だが、生きていくための選択肢はほかにはなかった。生まれてからずっと、目にするのは戦闘しかなかった。兵士にならなければなにも与えられず、誰も飯を食わせてくれなかった。

「戦争で人を殺しているときは、何か食っても、いつもすぐ吐いていた。だけど、ブライと同じものを食えば彼と同じパワーを持てると思った。ブライは不死身だった。子供の心臓とか、人の肉を食ったからだって、部隊ではみんなが言っていた」

内戦で壊れた町に生きる元少年兵（モンロビア）

ザックがどれだけブライに近い存在で、どれほど偉い「コマンダー」なのかは分からない。どれだけの戦場に出て、どれくらい多くの人を殺したのかなんてのも、およそ彼の言葉だけでは信用に足る真実は知れない。実際のところブライが人の肉を食っていたのか、ザックが食った肉がブライと同じもので、それが本当に人肉なのかどうかも、いまとなっては本人だって定かにできやしないのだ。ただ、元少年兵は何度も繰り返した。

「おれはブライになりたかった」

生き残るために〝尻だし将軍〟の力にあこがれ、だから同じものを食ったと彼は言う。そして、ブライたちに従い、狂ったように殺戮に明け暮れた自分のような孤児はこの国では少しも珍しくないのだと、なんとなく言い訳のように、旺盛にキャッサバリーフを食いながら話し続けた。

「寝るといまも夢に出るんだ」

とある日、ザックは言った。

「いまこうして仲間と作って食うキャッサバリーフもいいんだけど、ときどき戦争中のジャングルに自分がいる夢を見ることがあって、いつでもおれはそこで飯を食っているのさ。あそこで食っていたものもキャッサバリーフだったのかなぁ。なんだかとっても美味かったんだよなぁ」

たしかある心理学の研究論文に、「美味い」は知覚ではなく経験や記憶だとするものがあった。人はどうして味の違いを感じ、食べものの好き嫌いがあるのか。アカデミズムによると、そうした人それぞれの嗜好の差異は生まれついて持っていたものではなく、多くは経験や記憶といった後天的な要素によって生じてくるものだという。そもそも味覚には食べられるものと食べられないものを区分けする役割があって、腹を壊すような腐ったものや毒物に対しては味や匂いを不快＝「不味い」、また反対に人体に必要で安全なものの味を心地よい＝「美味い」と認識し、この味覚センサーによって遠ざけ忌避すべき食品と積極的に摂取すべき食品の取捨選択を行なっているらしい。つまり、なにかを「美味い」と感じることとは、人それぞれが安全に心地よく食べていた記憶、生命維持に必要な生きるために有益な経験そのものの反映ということになる。

ならば、ザックがいまも夢に見て思い出すジャングルでの味、戦場の「美味い」とは、いったいどんな経験や記憶と結びついたものなのだろうか。

多くの人が思い出す美味かったものの代表格に〝おふくろの味〟というやつがある。どうして〝おふくろの味〟がいつまでも忘れられず「美味い」と感じるのか。先のアカデミズムの論に照らし考えると、ここにも生命の維持に必要な経験や記憶が関わっている気もする。つまりこういうことだ。生まれたばかりの無垢は一〇〇パーセント他人から与えられる食に依存しなければならない。その食の提供者であり、最大の庇護者である〝おふくろ〃の存在は命を保つ前提であり、〃おふくろ〃に食べさせられるものからは無条件に安心、安堵していいとのメッセージを受け取っている、はずだ。だから無垢たちはその味を心地よい＝「美味い」と認識し、成長し、今度はその〃おふくろの味〃によって刷り込まれた「美味い」を使って、脳と舌は知りうる安全な食にありつこうとする。人は生きるために「美味い」を追い求める。

ザックは父親のことも母親のことも知らない。物心ついたときにはもうこの世にはいなかった。なぜそうなったのか彼は詳しく聞かされてはいないが、戦争が原因なのは想像がついた。腹をすかせた彼の前に現れ、ずっとそばにいてくれたのは戦闘する男たちだった。〃おふくろ〃は母親とは限らない。母が作ってくれる飯の味を知らないザックにとって、戦場の庇護者たちと食った飯が彼にとってのいわば〃おふくろの味〃だった。安心して食べられる環境が与えられ、そこで食べた経験や記憶を「美味い」と思うカラクリが人の味覚に仕込まれているなら、ブライと食った何かの肉が、戦闘中のジャングルでむさぼったキャッサバリーフが、ザックにとっていまだ忘れられない「美味い」であり続けるのはたぶん不思議なことではないだろう。

なにやら残酷に仕込まれた罠みたいなものを感じた。人は食べた飯をどうして美味いと感じるのか、あるいは感じないのか。その感覚があるときの経験、何者かに支配されていたとしたら、それは背負わされた業のように、じわじわと染み込んで、絡みついて、体から離れないまるで罠だ。逃れられない宿痾のように人に居座り、どうにも厄介なことに生きざまや人生にまで影響を及ぼしていく。ザックはキャッサバリーフを食いながら言う。

「いつも誰かが飯をくれて、いつも誰かといっしょに食っていたのは覚えている。思い出すのはあそこで食った飯がただ美味かっただけ、それだけ。でもね、」

彼は続けた。ちょっと食う手を止め、皿を見ながらつぶやく。

「どんなに食った飯が美味くても、あの場所にはもう戻りたくない。それと、戦場ではあんまり腹は減らなかったんだよね」

ポテトグリーンが美味い秘密

ザックたち廃屋の若者たちはだいたいいつも七、八人いて、さまざまな仕事をしていた。墓掘り作業もその一つだったが、たまに難民キャンプに届く援助物資をキャンプ外に運んで、売りさばくといった、ようは物資の横流しでも日銭を稼いでいた。

内戦で故郷を追われたおよそ二〇〇万人に及ぶ膨大な難民。リベリアは国外流出だけではなく、それ以上に国内に難民を多く抱えていた。首都モンロビア近郊には内戦が終結した後も国内難民のキャンプがずっと消えずに残っていた。そして、そうした周辺には国際機関よりたくさんの援助物資が入り込むのだが、実際には食糧を中心にその一部が街の市場へと流出していた。コメや小麦粉が難民キャンプの外へ持ち出され、それらを売って現金に換え、必要な野菜や肉や日用品を買う。食料品の横流しをしているのは援助物資を受け取った難民自身であったり、援助に関わる地元の関係団体や業者であったり、もっと偉い国の役人だったりもする。農地は荒れ果てて生産力を失い、圧倒的に物が不足している終戦直後の国にも関わらず、市場に少なくない量の食糧が流通しているのはそんな訳だった。援助物資は貴重な商品だったのである。援助物資の支給にまつわる事業はビジネスと化し、ここではまずは人間の胃袋と援助物資から市場経済が復活していた。

ザックたちはそんな援助物資の違法横流し商売の片棒を担いでいたのである。おもな仕事は依頼されての物資運搬作業。ただ、余ったものをもらい受けて自分たちで販売することもあるという。

「ずいぶんと楽で安全な仕事」

と新たに見つけた生きる糧について彼らは話す。ついこの間まで人を殺して肉を食っていた元少年兵たちは、もはや芋の葉っぱ飯を食いながら穏やかに話をする〝草食男子〟だ。それに憧れるヒーローもとっくにブライではない。

「そりゃ、いまならジョージ・ウェアさ」

ザックは得意げに言う。〝尻出し将軍〟の次は〝リベリアの怪人〟だった。元プロサッカー選手のジョージ・ウェアは母国リベリアの英雄である。イタリアの名門クラブのＡＣ

ミランなど欧州で長くプレーをし、バロンドール（欧州年間最優秀選手賞）を獲得したこれまでで唯一のアフリカ出身選手。抜群の身体能力から繰り出される驚異的なプレーで、世界のサッカーファンからは「ファントム（怪人）」と賞賛された。

二〇〇三年に引退したウェアは、内戦が終わったばかりの母国で大統領選（二〇〇五年）に出馬する。対抗馬となったのはノーベル平和賞を受けるアフリカ版〝鉄の女〟エレン・ジョンソン・サーリーフ。決選投票で彼女に敗れるも、若者や貧困層を中心にウェアは庶民からは高い支持を得ていた。本格的に政治家へと転身後、上院議員を経て再挑戦した大統領選（二〇一七年）ではめでたく勝利。プロサッカー選手としては世界初の国家元首に就くことになる。

ウェア人気がひときわ高い場所がモンロビアの海沿いに広がるウエストポイント地区だった。バラック住まいの貧しい人たちが集まるエリア。エボラ出血熱が蔓延したときには政府から街ごと封鎖され、食料も滞り、半ば切り捨てられたような状態になった。そのときにロックダウンを命じたのが当時の大統領サーリーフだったので、ウェア人気とは正反対に、彼女に対してひときわ不満や悪評が高いところでもある。

ザックはいま、この地区にあるキリスト教会に通う。日曜日の礼拝後、潮が引いた砂浜で仲間たちとサッカー遊びをするのが楽しみだと笑う。ザックが通う教会の牧師と話す機会があった。

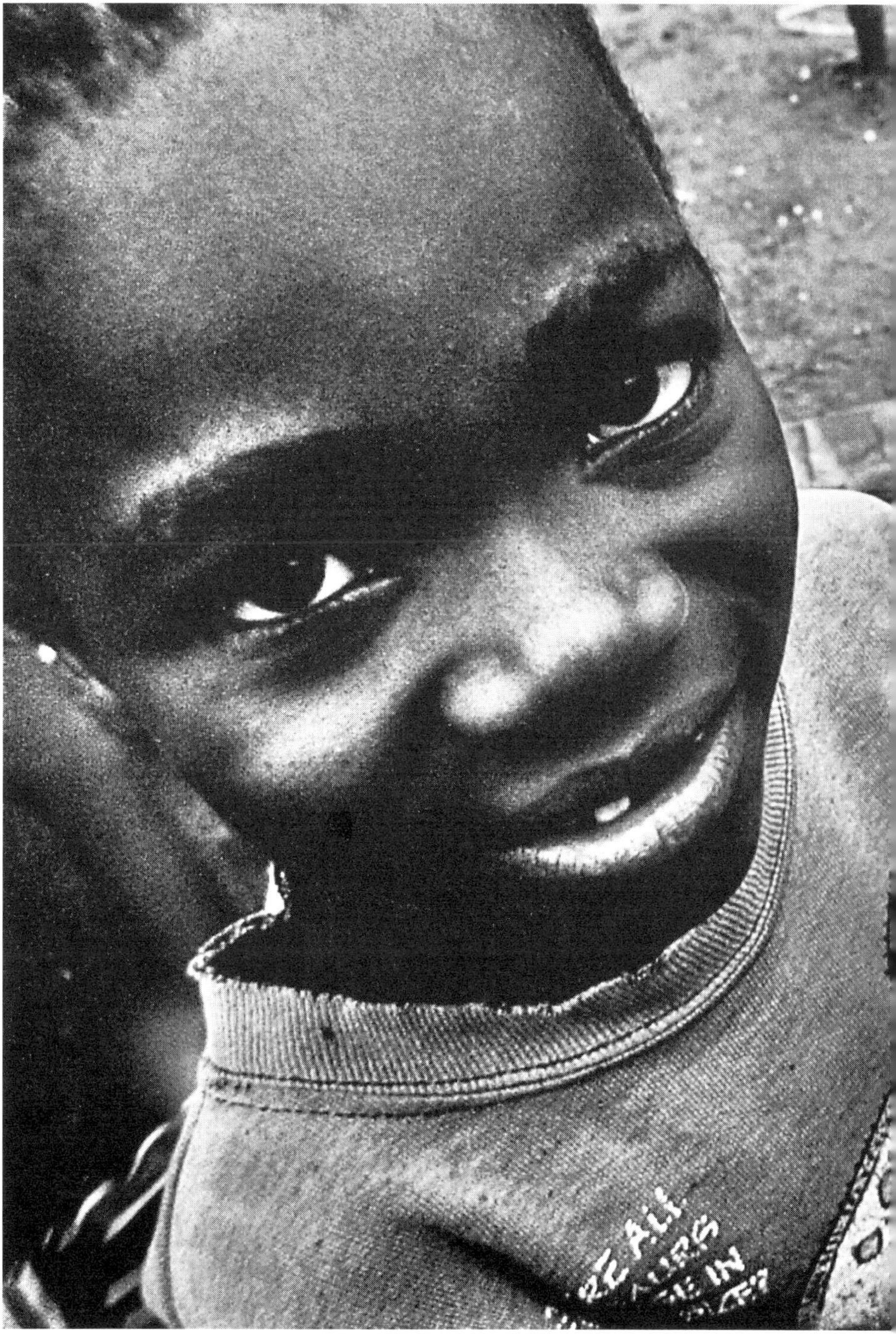

難民キャンプで卵を売る難民の少年（リベリア）

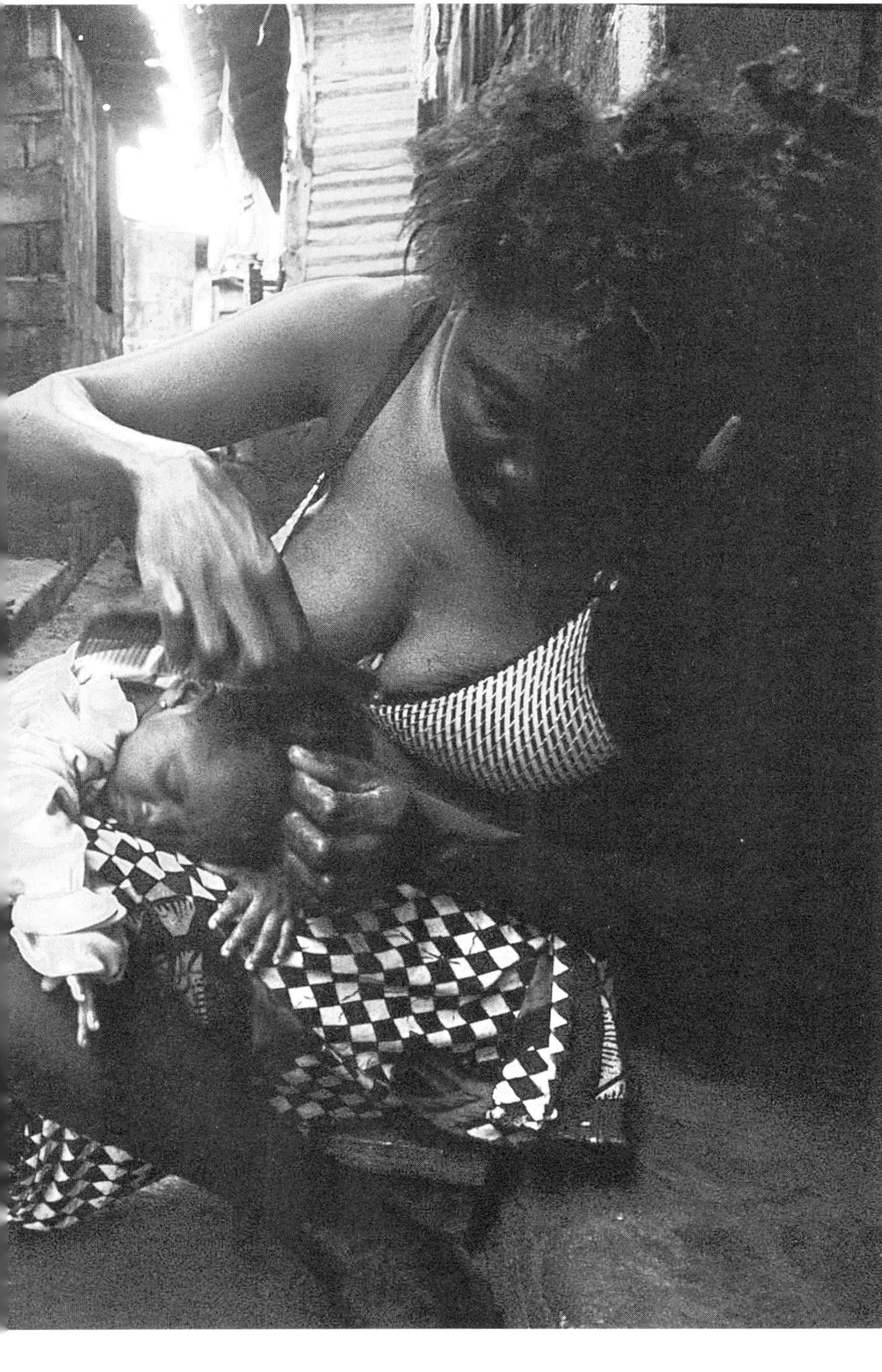

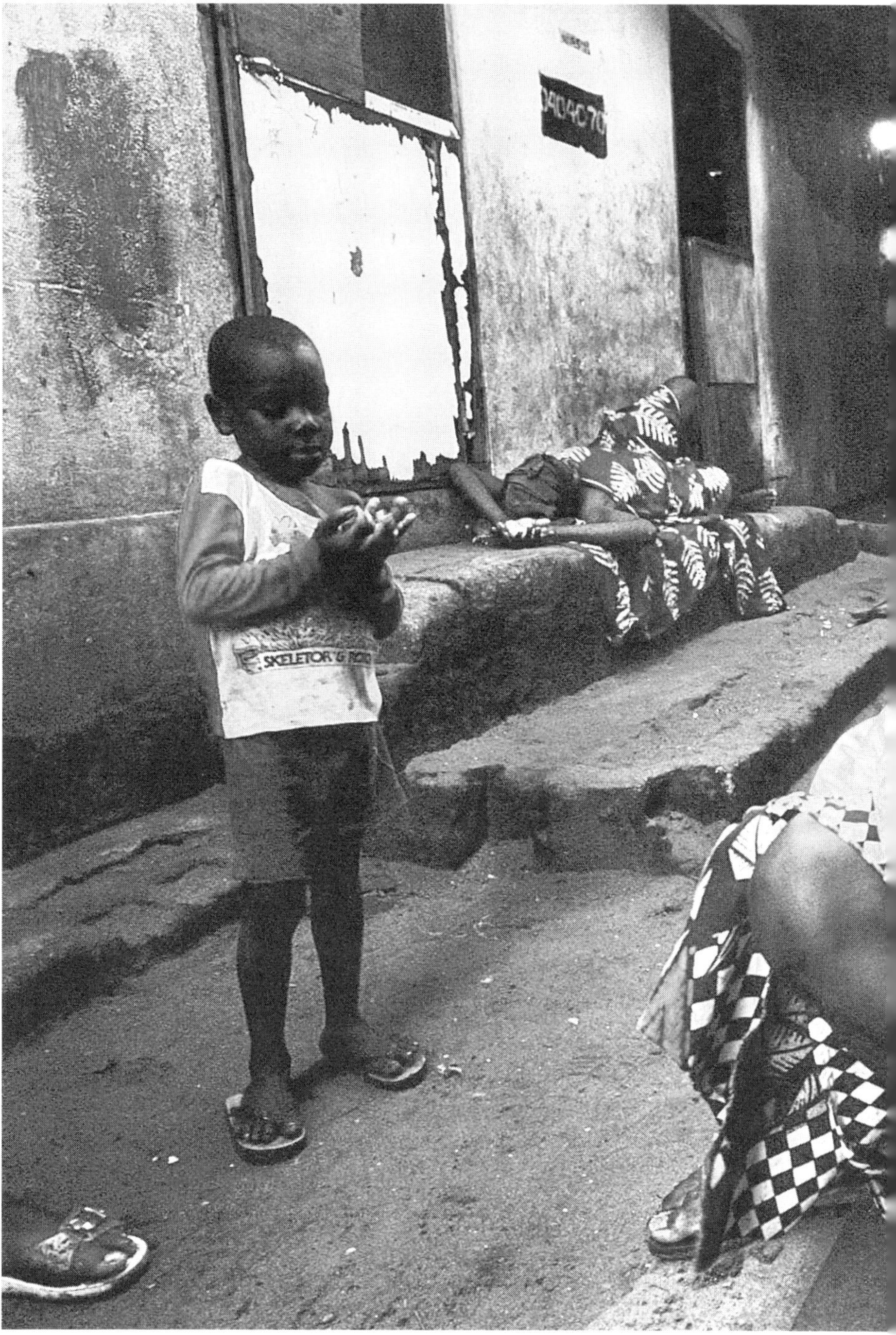

漁師町ウエストポイントの路地裏（リベリア）

「彼らはノーベル賞はいらない。ブライでも、ウェアでも、誰でもいいからそばにいて欲しいのです。でも、生まれてすぐに親すらいなかった。いつもそばにいるのは、結局は神だけなんです」

礼拝の後に飯が振る舞われる。わたしから教会へ手渡した浄財を使い、牧師がザックたちに命じて食事を用意させた。ここで登場するのがポテトグリーンなのはもう言わずもがなだろう。

ザックが通うキリスト教会の信者の多くは漁師だった。港町ウエストポイントでは人々の多くは漁業を生業にしていた。

そんな漁師たちが住む家々は粗末なあばら屋ばかりで、迷路のような路地にそれらがまるで難民キャンプのごとくゴチャゴチャ並んでいた。住宅地には汚水が垂れ流され、明かりが灯らず、ザックたちにはすこぶる治安が悪いから夜には行ってはいけないと言われていたので、およそ日暮れ前には現地を撤収し、夜明けを待ってまた足を運んだ。

漁師町の朝は早い。不穏な夜が明け、まだ薄暗い朝のウエストポイントでは人々がまずは不衛生な井戸水に群がって一日を始めていた。水を汲む者、汲んだ水をどこかに運ぶ者。また炊事の準備をしたり、体を洗ったり、洗濯をしたり。どんなに貧しく壊れた風景にあっても、水場には少なからず生きる人間たちの活気があった。

「向こうまで持っていかなきゃ」

井戸端にひとりの幼い少女がいた。足を引きずる母に代わって必死に井戸水を汲み上げ、こぼさないようにゆっくりと手に下げて運び始める。

彼女の行き先には大小の船が並ぶ港があって、奥にはたくさんの魚が水揚げされている市場が見えた。

リベリアをはじめ、ガーナ、コートジボアール、ナイジェリアなどの西アフリカの国々が北に対面するギニア湾は、寒流と暖流がぶつかるアフリカ屈指の好漁場になっている。波は荒く、昨今は〝海賊〟が横行するのだけれど、回遊性のマグロやカツオなどの大型魚も多いので遠くから大型漁船も操業しに来る海域だ。以前には日本漁船も魚を獲っていたという。

ウエストポイントにあるこの港は、ギニア湾で漁をする近隣各国の船も停泊していた。当地で見かける漁師たちの住まい、身なりの貧しさと打って変わって、人や船がけっこう行き交う賑わいに満ちた漁港だった。

余談だが、リベリアは国家が保有している船舶数は世界第二位。これは便宜置籍船制度と呼ばれるものに由来する。船舶に関する税金が安いなど、管理について優遇措置がなされる国に対し、外国の船会社が便宜的に船籍を置いている制度だ。リベリアは古くからパナマに次ぐ便宜置籍船国と知られている。一見すると世界最大級の海運国家なのだが、現実的には国が船を造り持っている訳ではなく、しかも置籍船制度を管理運営する組織はアメリカ本土にあって利益はそこが総取りしていく。リベリアの国にとってこの制度による直接のうま味はほぼないに等しい。逆に言えば、戦乱でどんなに国が壊れていても、リベリアの便宜置籍船制度はアメリカ国内で守られ続ける。国家の事情に関係なく、たとえ国が消えたとしても、他国の誰かが利益を得られる仕組みなのである。

水汲み少女は港町の路地を抜け、着いたところはちょっとした魚の加工場だった。どうやらそこは彼女の自宅にもなっているらしく、水を運び終えた少女は家の中へと駆け込んで行く。代わって出てきたのはおばちゃんたち。水はおばちゃんたちが加工場で捌いた魚を洗うのに使われた。

ここは魚の加工場といっても小さな水場と自宅同様の掘ったて小屋があるだけで、ただし、庭先の屋外にはとても大きなドラム缶が二、三置いてあって、その上に魚を並べて燻製のようなものを作っていた。潮の香りと魚の生臭さに混じって漂う独特のスモーク臭。なんともいえない芳しさに身体じゅうが包まれる。

巨大スモーカーの上にはさまざまな魚種があった。タイの類いから、サバやアジ、エイまでも燻されている。中でも目を見張ったのがカツオだった。ここで行われている魚の燻製製造は、一義的には冷蔵施設の乏しい環境下にあって商品としての保存食材に仕上げる

井戸端で朝飯をねだって泣く子供（リベリア・ウエストポイント）

目的。だから魚種を選ばず片っ端から何でもスモークしているらしかったが、その中になんとカツオを燻して作る保存食品、つまり〝鰹節〟も作られていたのである。

製法は単純だ。内臓を抜いたり開きに捌いた後、塩水に付けてそのまま露天でスモークしていく。もちろん日本の細やかな鰹節作りとは異なる。鮮魚をそのまま下から立ち昇る煙に晒し、カビ付けもしない。それでも黒光りするカツオの塊、アフリカ版鰹節の発見は意表を突かれるとともに、なんだかとてもうれしくなる風景だった。

さらに驚いたのは食べ方、使い方だ。港町の燻製職人であるおばちゃんたちは必ず言うのである。

「あんた、ポテトグリーンは食べたことあるかい。この魚がないことにはポテトグリーンは絶対に美味くならないからね」

またまた登場するリベリアの〝ソウルフード〟。

そもそも燻製という加工法は、脱水と殺菌で保存力を高めると同時に、食材の風味とうま味を向上させる効果を持っている。その効果を最大限に引き出した傑作がダシを取るために作られる日本の鰹節だ。おばちゃんたちが語るうんちくから分かったのは、カツオに限らず地元では燻製魚たちを粗く削ったり砕いたりして煮込み料理に入れ食べているということだった。そして、カツオはギニア湾でよく獲れる比較的漁獲量が多い魚。カツオの燻製はもっともよく作られ、それは直接食べる具材としての利用以上に、料理の味をより美味くするための素材、煮込んでダシを取るための食材として重宝しているらしい。リベリアにおいても鰹節はやはり鰹節的な扱いなのである。

これまでわたしがリベリアで食っていたポテトグリーンやキャッサバリーフにも、たぶん鰹節は重要な食材として加えられていたのだろう。そりゃ、どうしたって「美味い！」と叫ぶ料理になるはずだ。多様な部位の肉片から生じるブイヨン系の西洋ダシに加え、ひそかに仕込まれていた鰹節を煮込んで出る日本人好みの魚介系和風ダシ。そんなダブルのダシは計り知れないうま味の相乗効果をもたらす。世界から「最貧国だ」「壊れた国だ」などと呼ばれ「忘れられ」てしまった国の人たちは、知ってか知らずか、実に豊かなうま味満載の葉っぱ煮込みを作っている。しかも、それをコメにぶっかけ食う。日本人はただただ感涙。

＊

いつからか、わたしはこのカツオダシが効いたポテトグリーンを毎日のように食うようになっていた。郊外で始まった政府への抗議デモの帰り道には参加者といっしょに食った。パスポートを取り上げた警察に賄賂を請求され、一日じゅう拘束された後にまず食ったのもこれ。墓場で食った。市場で食った。中国人夫婦が営む食堂で食った。疲れ果てて、乾

巨大な釜でさまざまな魚を燻製にしていた（ウエストポイント）

き切って、だけどどんなときだってポテトグリーンは美味かった。

ウエストポイントからモンロビアの中心街へ向かう途中、坂に続く道端が丸ごと市場になっていて、よく行く飯屋が一軒あった。おすすめはポテトグリーンとキャッサバリーフ。まあ、メニューはこの二つしかないから、いつも女店主に言われるがままどちらかを食うだけである。

店の周囲はたくさんの露天商が並ぶ雑然とした商業空間だった。袋詰めのコメが置かれ、野菜が山と積まれ、〝鰹節〟もあれば、もちろん難民キャンプ流れの闇物資もある。ビールを売る酒屋も、古着や鍋釜を吊り下げた雑貨屋も、厚い札束を持った闇両替屋もいる。あるときそこを歩いていたら後ろから声をかけられた。ガーナからいっしょに来た、あの難民バスの車掌プリンスだった。

「元気だったかい。どうしているか心配してた」

まったくの偶然の再会に、彼はたいそう懐かしそうに笑った。

「そっちこそ元気なの。ガーナに戻らなかったのかい?」

「おれの国はここさ。だけど、哀しい。家族も友達も探したってどこにもいなかった。故郷なんて、もうなくなっちまってた」

自分自身のこと、リベリアの国のことに水が向けられると、プリンスの笑顔はすぐに曇ってしまった。なんだか申し訳ない気分になったので、彼を誘って近くの食堂で飯を食うことにした。

「なじみの店がすぐそこにあるんだ。なかなかいいポテトグリーンが食えるんだよ」

そうわたしが言うと、プリンスは再び少しだけ笑った顔を見せた。はたしてふたりで食ったポテトグリーンを彼が気に入ってくれたかは分からない。ただ〝故郷の味〟とか〝ソウルフード〟とかと熱く語っていたそれを、彼は手づかみでひたすらガツガツ食った。

翌日、今度はドリスに会った。彼女はわざわざ泊まっていた宿の部屋までやって来て、いきなり、

「お金を貸してちょうだい」

と頼みごとをする。話を聞くと、もう出産しそうな知り合いの妊婦がいて、医者に払う金がすぐに必要なのだとたいそう急いでいる。有無をいわせず、ポケットに入っていたわたしのナケナシを彼女はひったくって、

「じゃあ、お礼にポテトグリーンを食べさせてあげるから、近いうちにまたウチに来てちょうだいね」

と言葉を残し、とっとと部屋から出て行った。

さらにその二日後、今度はマラリアがやって来た。感染症の病マラリアに罹ったのである。マラリアはいくつか種類があるけれど、西アフリカあたりで罹るマラリアとは圧倒的に「熱帯熱マラリア」である。罹患はマラリア原虫を媒介する特別な蚊・ハマダラ蚊に刺

されることによるが、潜伏期間を考えれば、ハマダラ蚊に刺されたのはおそらくリベリア国境を越えた、あのジャングルで過ごした一夜だろう。再びの懐かしい難民バスでの思い出だけど、こっちの出会いはできれば勘弁してもらいたかった。

唐突に倒れ、周期的に高熱が出続けた。放っておけばどんどん死に近づく〝悪魔の病〟。難民キャンプでも、子供たちがマラリアに罹ってたくさん死んでいると聞かされたばかりだ。状況はとてつもなくやばい。しかし、幸いにもここは熱帯熱マラリアの本場である。街場の薬局に行けば、風邪薬を求めるがごとくにマラリア治療薬メフロキンやクロロキンが手に入った。宿のベッドの上で数日間のたうちまわり、悪夢を見続け、なんとなく癒え、再び外出することができた。

病み上がりの体でふらふらと向かったのはウエストポイント。漁師のひとりと海での漁に同行させてもらう約束をしていたからだった。船を出すのは早朝である。彼らの出航に合わせなければならないので、けっして出てはいけないと言われていた夜明け前の暗い時間帯に街路を歩き出す。そして、やっぱり暴漢に襲われた。宿を出た途端だった。背後から近付いたのだと思われる五、六人。囲まれるまでまるで気付かなかった。ブラックアフリカンの姿は暗闇ではまったく見えないものだとあらためて分かった。

助けを大声で叫ぶとすぐどこからか数人が駆けつけてくれて、暴漢は逃げ去った。助けの中にはザックがいた。たしか彼は廃屋の元少年兵仲間と自警団のようなものを作ってい

て、最近はそうした夜廻り仕事でまた別の日銭を稼いでいると話していた。ザックはわたしを見るなり、

「あんたマラリアになったんだってな。ボロボロだねえ。ちゃんと飯、食ってるのかい」

とトンチンカンに言った。

「ああ、毎日毎日、飽きずにポテトグリーンとかキャッサバリーフとかを食っている。美味いよ」

とこっちもトンチンカンに応える。だが、よく見ると着ていた白いTシャツには赤い血がベットリ付いていた。慌てた周囲からは体を調べられたが、どこにも傷はなかった。自分の血ではなく、おそらくは暴漢たちが誤って自傷した末の返り血らしかった。

その夜、久しぶりに夢を見た。わたしは手にお椀を持ってしみじみと味噌汁を飲んでいた。どうやら味覚に仕込まれた「罠」にハマっていたのかもしれない。ふと、そろそろウチに帰ろうかと思った。毎日のポテトグリーンはまるで悪くないのだけれど、鰹節の風味が香る美味いジャガイモの味噌汁が、この日は少しだけ飲みたい気がした。

教会のミサで祈る少女（モンロビア）

II

肥える断食

《エジプト》

パンを奪い合うカイロ市民（エジプト）

西に傾き始めた陽射しに「王家の谷」は陰影を深くした。歴代のファラオたちが埋葬された王墓群に、神々を祀る巨大な神殿。あまたの古代遺跡に彩られるエジプト中部の町ルクソールは、ゆったりとしたナイル川の流れのように、どこか悠久のときを刻んでいるかのようだった。

そんな町のナイル西岸に住むアッザーフは、居並ぶ古代エジプト遺跡のすぐ隣りで畑を耕すお百姓である。この日、外仕事から家に帰った彼は、もう何度ももどかしそうに時計を見ていた。とある時刻を正確に知り、それを待っているらしいのだが、時計を見るごとにどんどんフラストレーションが増している様子。壮大な歴史に包まれた古都の悠然とした空気とは趣を異にする、なんともせわしない光景だ。

ようやく〝とき〟が来たらしい。彼はやにわにコップを取り出したと思ったら、ポットから乱暴に水を注いでグイッと一気に飲み干した。家主のこの行動が合図だったのだろう。庭に面した土間にはすでに大きな絨毯が敷かれてあって、上にどんどんご馳走が運ばれる。集まって来た家族や親戚たちも次々とコップの水を回し飲み、まずはデーツ（ナツメヤシの実）をつまんで口に放り入れ、目の前に置かれた豆の煮込みやニワトリの茹でスープに手を延ばし、一家の祖母が焼いたという巨大な丸パンをちぎっては食べ、ちぎっては隣に渡し、豪快に食い散らかし始めた。みんながみんな交わす言葉もそこそこに、もう一心不乱にガシガシと食べ続けている。

いきなり始まった大家族による大食欲大会である。さらには異国で初めて訪ねる他人の家だ。招かれし客人としては、ちょっと驚き、やや気圧されつつ、遠慮がちにその食膳に加わったのだけれど、思わず、

「あぁ、美味い」

と大きな日本語の声が出てしまった。

自家で採れた野菜たちは、エジプトで食べた料理の中でもっとも記憶に刻まれる素朴な滋味だった。刻んだトマトやタマネギに塩をまぶして、少々のクミンが味を引き締めるシンプルなサラダ。調味したコメを詰めて、外からじっくり焼き蒸すピーマン料理。さっきからいい香りを放っているパンの塊にも手を延ばしてみよう。このゴツくて硬いパンは、ひよこ豆のグツグツ煮込み汁に付け浸すとしっとりやさしい口当たりになって、もういくらでも食べられてしまう。いやはや、がぜん食が進む。

ようやくここで客人を招いていたことを思い出したアッザーフが、食べる口は休めることなく話しかけてくれた。

「いつものことなんですけれど、モグモグ……、ラマダンは体重が増えてしまいますよ、モグモグ……」

イスラム暦での九月になると、世界各地のイスラム社会では約一か月間におよぶ「ラマダン」が始まる。日本だと「断食月」と呼ばれたりするその期間は、イスラム教徒は食事はもちろん、水も飲めず、口に溜まった唾も飲み込んではならず、喫煙だって禁止になる。信者ならけっして破ってはならないとっても厳しい宗教上の戒律。そして、ただいまそのラマダンの真っ只中。エジプトで圧倒的多数を占めているイスラム教徒たちはラマダンの戒律に従っているはずなのだが、しかして目の前に繰り広げられているものとは、およそ「断食」とはかけ離れた、「満腹」の宴であった。

実は、ラマダンは丸一日二四時間、ずっと「断食」を続けるのではない。そもそも一か月もの間なんにも飲まず、食わなければ人間は死んでしまう。戒律で飲食を断つのは、日の出から日没までの間だけなのである。それ以外の時間に食事をすることは許されている。多くのエジプト人はラマダン期間中、一日の「断食」がスタートする夜明け直前に食べ、完全に日が没した「断食」終了直後にまた食事を摂る、といった特殊スケジュールに変えて日々を送る。

ただ、いくら夜間の飲食が可能だとしても日中の一〇時間以上はなにも口にしない訳で、大多数のエジプト人はラマダンになると十分過ぎるほどの乾きや空腹感に毎日さいなまれることになる。だから仕方がないのだろう。この夜のアッザーフ家の食卓のように、空腹を我慢しやり過ごした日没後の食欲はどうしたって旺盛になろうというものだ。

さらには普段に比べて特別で美味しい料理を並べ、毎日それを朝晩しこたまドカ食いするのが、イスラム社会における正しいラマダンの過ごし方だという。なんとも極端。「断食月」の実相は、食べないのではなくて、むしろいつもより盛大に食い、どんどん肥え太る期間なのだそうだ。

旬を知るお百姓のラマダン

肥え太るその季節は毎年微妙に異なる。毎年のラマダンの日程はイスラム暦（ヒジュラ暦）を元に決められるのだが、イスラム暦は月の満ち欠けから導き出す太陰暦であって、現代人の多くが使っている太陽暦よりも一年（三六五日）の日数が十一日ほど短い。なので、太陽暦に当てはめるとイスラム暦九月のラマダンは年ごとに十一日ほど早まり、少しずつズレていってしまう。三年で一か月。およそ三三年で一年を一巡り。イスラム教徒は一生のうちで同じ季節のラマダンを二回ずつ経験するとされる。ようするに彼らはいろんな時期と、異なるタイミングでドカ食いをしていて、毎年毎年、新鮮な気持ちで体重の増加を繰り返せるという訳だ。

「我が家ではラマダンで出すご馳走がいつも同じ料理とは限らないんです。年によってはこの野菜が採れない季節もありますからね。あなたが美味しいと思うのなら、今日あな

ラマダン中の食卓を囲むアッザーフ一家（エジプト・ルクソール）

たがここに来てくれたのはちょうどよかった。きっと神のお導きでしょう」

焼きナスを練りゴマのペーストで和えた「ババガヌージ」の甘さと風味に、この上なく心と体を振るわせている客人を前にして、招待者であるアッザーフはとても満足そうな顔で話を続けた。

ほかでもない彼はお百姓である。畑で採れる野菜などの食べものの旬を知っていて、生活の基盤にはイスラム暦とはまた別の、いわば〝大地の恵みカレンダー〟を持っている。彼が言っているのは、イスラム暦の九月がいつも同じ太陽暦での〝実りの秋〟、つまりはこうした美味い野菜の収穫期と都合よく重なるとは限らないということ。そして、そんな今日のご馳走との出会い、巡り合わせは何より神のおかげなのだと。

そう、ひそかにいま目にし口にしているのは、異なる二つの暦が生み出した食事だった。一つは、遠いファラオの時代から受け継がれる、お天道さまと連動した水と土と人間の暮らしの暦。もう一つは、自然の気象サイクルとズレを生じさせながら、宗教的に日常生活を厳しく制限する暦。そんな太陽と月の暦が混じり合った一期一会の食卓が「王家の谷」の農家で用意されていたのである。

正直なことを言おう。ラマダンは毎年、ナスが採れるこの季節にすりゃいいのにと思った。ここでこうして、こんなにも旬の農作物の美味さを見せつけられた瞬間にあっては、およそ食欲という生きものの基本欲求を制限するラマダンの〝不自然〟さが、〝自然〟の流れに従うお百姓の生活とどこか相容れない、少なからずのギャップを感じなくもなかった。ババガヌージが美味ければ美味いほど、それはそう思うのである。

いまさらだが、農作業する人たちにとって大切なのは作物の生育に関わる季節ごとの天候である。一年を周期として定期的に変わる自然の姿、そのサイクルをちゃんと頭の中に入れておくことだ。雨はいつごろ降るのか、日照りはあるか、嵐の襲来はどのタイミングなのか、気温はいつ上がっていつ下がるのか、ならばいつ種をまいたらいいのか、いつ作物を収穫すべきか——。

天気に左右される農業にあって、特に重要なのが水に関わる環境の変化だろう。なにしろ「エジプトはナイルの賜物」である。降水量が少ない砂漠地帯の農業は河川を流れる水がなくては成り立たない。ナイル川の渇水に増水、氾濫するのかしないかは、この土地を耕す者の最大にして最優先の関心事であり、どうしても見通さなくてはならない大自然のうつろいだった。

古代エジプト文明の卓越さは、ナイル川で毎年起きる大洪水と大洪水の間を「年」の単位とし、一年を三六五日と数える太陽暦を作り出し、広く利用していたことである。天体観測によって計算されたその太陽暦こそが「古代エジプト暦」。これによって農家は季節を正確に「洪水」「種まき」「収穫」の三つに分けることが可能だった。太陽の運行から導いた暦を世界に先駆けて農事暦にすることで、エジプトは農業を盛んにし、大いに文明を発展させたのである。

しかし、およそ一四〇〇年前にエジプトはイスラム勢力に支配されてイスラム教国となった。使う暦も古代エジプト暦からヒジュラ暦へと変わる。古代エジプトでの最高の神は「太陽神ラー」だったと言われているが、現世、エジプトで優先されるべきものは圧倒的にイスラムの神「アッラー」の教えと、それに従うことである。太陽神でも太陽暦でもなく、人々はイスラムの暦が決める戒律にのっとって生活することになった。

イスラム教の神の言葉を記録した文書コーランでは、預言者ムハンマドにコーランが授けられ、神の啓示が起こったのがイスラム暦での「第九の月」、つまりラマダンだったとされる。神聖なる月・ラマダン。その一か月間に「サウム（断食）」を行うしきたりは、イスラム教徒にとっては大切な義務だ。だから、イスラム教徒たるアッザーフもラマダンになれば当然のごとく日中は何も食べないし、畑の野菜に水は撒いても、自分自身はけっして水を飲まない。作物の旬を知る男は作物の旬と関係なく、やっぱりイスラム暦に従って季節感のないラマダンに肥え太る。

でも考えてみると、ラマダンと農業の間に共通項がまるでない訳ではない。ラマダンという宗教行事を構成する最大の行為は、見た目の上では日中に食事を断つことであり、断食後に盛大に食べることである。かたや人々の食料を作り支える農業。どちらも「食」につながる物事が根本のところに横たわり、「食」という因子がそれぞれの成り立ちを規定していく。いつ食べ、なにを食べ、どう食べているのか。アッザーフは今日も明日も、ラマダンがあってもなくても、きっと食べ続ける、もはやどんなカレンダーを使っているかなんて関係ない。「食」自体を追い求める日々の行為、「食」にまつわるさまざまな現象そのものが、結局は人間にとってもっとも忠実な「暦」だったりするのである。

＊

アッザーフが住む「王家の谷」から川を渡った反対側、ナイル川の東岸は近代的な建物も多く並んでいて、たくさんの人や車が行き交うにぎやかな都市部になっていた。

「ラマダン・カリーム（ラマダンおめでとう）」

エジプト伝統のランプ「ファヌース」が飾り付けられた夜のルクソールの町では、あちらこちらで人々が祝辞を言い合い、いろんな場所で食事が振る舞われていた。日没後、一日の断食が終わって最初に摂る食事「イフタール」である。料理を置いたテーブルが路地や空き地に並べられ、さらにはモスクの一部が食堂として解放されていたり、持ち帰り用の軽食を店頭で配る飲食店もあったりと、夜の街角はいたるところで人々の食べる風景に出会える。ファヌースが照らす淡くカラフルな光の下、それはただ食事をしているだけの風景とは異なって見えた。日本の正月やヨーロッパのクリスマスにも似た、特別な年中行事が持つ、落ち着きつつも華やいだ雰囲気に包まれている。季節物の旬はないが、ラマダンにはそういう風物詩的な季節感はある。

観光名所ルクソール神殿前の広場では直接路上にゴザを敷いて臨時の食卓が作られていた。五メートルぐらいの長い座卓。まわりをたくさんの男たちが囲んですでに満席。近所に住む人たちに加えて、仕事帰りの肉体労働者風や、そのあたりをいつも〝仕事場〟にしている観光客相手の物売りや物乞いの子供たちも座っていた。

コメとパスタを炒めていっしょに炊き込んだ「コシャリ」。香辛料を効かせた羊肉団子の「コフタ」。それぞれの横にはトマトを使ったスパイシー万能ソースと、金属製のコップを満たす冷たそうな水。これら路上の食事はすべて無償で振る舞われていた。提供しているのはすぐ近くの、たいそう立派な店構えのパン屋だった。顔を見せた主人もたいそう立派な腹まわりの男で、ラマダンについてたいそう立派な話を始めてくれる。

「食べるものがなくて辛い思いをしている人がいます。断食することで、その人たちの気持ちを理解することができるのです」

パン屋の主人は話の合間に物乞いの少女を遠くに見付け、手招きをし、いくつかの料理を盛った皿を手渡していた。たいそう立派に話していたことを彼はちゃんと実践する、

路上のイフタールは寄付でまかなわれる（ルクソール）

ちゃんとした大人のようだ。

イスラム教には信仰上の大きな五つの義務があるのだという。ラマダンで行う「断食（サウム）」はその一つだが、困窮者への施し「喜捨（ザカート）」も義務として信者には課せられている（ちなみにほかの三つは、メッカへの「巡礼（ハッジ）」、神に一日に五回祈る「礼拝（サラー）」、アラーを唯一神だと証言する「信仰告白（シャハーダ）」）。パン屋の主人によれば、「喜捨」の機運がもっとも高まるのがラマダン中なのだそうだ。断食で理解する空腹の辛さ。食べないことで分かる食べもののありがたみ。〝ない〟で知る〝ある〟。それによって、困っている人を助けようとする気持ちが生まれ、イスラム教徒はラマダン中にみずからすすんで喜捨をするものだと彼は熱心に語る。

路上のイフタールは他国から来た観光客たちにも振る舞われていた。頭部を隠す布「ヒジャブ」を被った若いイスラム女性が数人通りかかると、パン屋の主人は物乞いの少女にしたのと同じように、料理を盛った皿を渡す。観光客の女性もそれを当たり前のように受け取って、ただし男たちとは同席はせず離れた場所に座って食べ始めた。ありがたいことに、その食事の振る舞いはたまたま居合わせただけの異教徒の日本人にもあった。朝飯も昼飯もちゃんと食っていて、まるでラマダンの断食などしていない異教徒にだって、イフタールの食事の席には積極的に混ぜてくれるのである。

「ラマダンの期間というのは、日が沈めばこうしてみんなでいっしょに同じものを食べて、世界中のイスラム教徒との連帯を感じる大切な時間なのです。どうです、すばらしいことでしょ。あなたの宗教は何ですか？　もしあなたがイスラム教徒じゃないのなら、ぜひいまここでイスラム教徒になりなさい」

改宗の勧誘はご馳走したことの恩着せではない。分かっている。しかし、パン屋の主人の口調はまるで冗談めいてなく、周囲で見つめる男たちの表情も真剣そのもの。純粋な善意という思わぬプレッシャー、強い圧を感じつつこのイフタールをいただくことになったのだが、たしかアッザーフ家に招かれたとき、あの農家の家でご馳走を振る舞われた後にも同じように話されたことを思い出した。

「どこの国の人でも、たとえ外国人であっても、ラマダンの食事に誘うのはイスラム教の寛大さゆえです。ラマダンはそんなわたしたちの神に感謝する一か月なんです。イスラム教徒になればきっとあなたもそのすばらしさが分かります。どうですか、イスラム教徒になりませんか」

畑と古代遺跡の風景が広がる、日が暮れた農家の庭先。茶を飲みながら涼み、アッザーフの家族たちとゆったり会話を交わす時間はとても心地よかった。おそらくこのやさしく穏やかな物腰のお百姓もまた、わたしに伝えたかったのであろう。こうやって客人を心地よくもてなす一期一会も、食べたラマダンの飯がこの上なく美味いのも、すべてはイスラムの神であるアッラーのおかげなのだよと。それは自然からの恵みである以上に「神の思し召し」なのだから、イスラムの神に感謝しなさい、イスラムの神を信じなさい、イスラム教徒になりなさい。

アッザーフにしてもパン屋の主人にしても、ラマダンと向き合う風景からは自分がイスラム教徒であることへの大いなる喜びを感じる。そして並行して、このラマダンという特別な習慣、美味くてついつい肥え太ってしまう特別な食卓には、外に向かって主張するとても強固な「イスラム」という存在を意識せざるを得なかった。ちょっとだけ胃袋は覚悟した。これから先のエジプトでは、この食べない強固なイスラムと、食べる強固なイスラムの間できっとアタフタすることになるのだろうと。欠食を埋めるエジプト人の旺盛な食欲に気圧され、どこか居住まいの悪い心持ちを抱いた、あの日の客人のように。

残飯と生きる「豚の場所」

古都を離れ、首都カイロにやって来た。まだラマダン期間中だ。

地方都市だと昼間に商店は閉まりがちで人通りも少なくなるが、大都会はそうもいかない。必要な生産活動のためにたくさんの人々が、文字通り飲まず食わずで働き続けている。もしもラマダンが夏の巡りなら昼間の気温は四〇度近くにまで上昇するカイロ。こうなると首都の市街地全体がなんとなくグッタリしんどそうで、市民の間にはイライラ感をつのらせた、殺伐とした空気が混じっているのも否めない。

だからこそ、抑制が解かれて大爆発する首都の食欲。食べない我慢がよりいっそう食べる風景を際立たせる。ルクソールのそれがしっとりしたお正月の風情なら、カイロはガヤガヤした歳末大売り出しのような賑わいだ。特に〝断食破り〟のイフタールは仕事を終えて家族や友人たちと囲む楽しい祝宴。自宅での本格的な夕食へと向かう前に食料品やプレゼントを買い求める人で街はごった返し、イフタール用の特別メニューを掲げ、ここぞとばかりに集客に励むレストランもあっちこっちに出現する。夕暮れの街路は首都ならではのきらびやかな雰囲気に包まれていく。

さらに友人の家を互いに訪ね合って遅くまで食事を続けたり、夜ごと行われる音楽ライブなどのイベントに出かけたりと、深夜まで大都市の人々は楽しい時間を過ごしている。やはりラマダンは宗教戒律に従って食を断つ〝苦行〟なんかではなく、食べる〝祭り〟なのである。

そして、その〝祭り〟の後の侘しさも首都ならではだった。

夜明け前に摂る最後の食事「スフール」を終えたころ、街には礼拝を促す「アザーン」が流れる。一日の断食が始まったことを告げる早朝のカイロ。下町の路上なんかに一歩出てみると、そこには膨大なゴミが山になって溢れていた。食べものを包んでいたプラスチック類、食べ残した料理、宅配ピザの紙箱には食いかけの商品が入ったまま捨てられている。近くに寄れば独特の油臭さや生ゴミの匂いが漂い、一目でほとんどが飲食に関わるものだと分かる。ゴミを捨てる場所はあらかた決まっているのだろうが、それぞれのこんもりしたゴミ山は隣同士が重なり連なって、もはや〝ゴミ山脈〟の様相を呈す。ラマダンという一大食イベントは、カイロにそんな残飯の風景を作り出していた。

＊

首都が毎日排出する膨大な量のゴミのあらかたを、一手に引き受けている場所が市内にあった。

「ラマダンになると途端に出るゴミが多くなるからね。ここにはカイロじゅうのゴミが集まって来る。おれたちがいなければカイロの町はきっとゴミだらけになっちまうだろうね」

そう話を聞かされたのは、まさにその「カイロじゅうのゴミが集まる」場所に住む人たちからである。

カイロの中心部からほんの数キロ東にあるマンシェイヤナセル地区。丸く盛り上がったモカッタムの丘の斜面にへばりつくように形作られた町だった。この町の一部の住人はカイロ市民からアラビア語で「ザッバリーン（ゴミの人）」と呼ばれ、ほとんどがゴミの拾集を生業にしていた。そこは別名「ゴミの町」と称される場所だった。

マンシェイヤナセル地区全体では一〇万人とも二〇万人とも、もはや行政が把握しきれない人数が高台の下に暮らしていて、公機関からは「エジプト最大のスラム」などと呼ばれている。しかし、いわゆる荒廃した貧民街とは異なる。住民の多くが勝手に家を建てて許可なく住み着いてしまった、行政上の「不法占拠地域」というだけであって、暮らしに必要な最低限の機能は備わっている。訪れると、集合住宅の高い建物と多種多様な店舗が細い坂道に沿ってごちゃごちゃと建ち並んでいた。町の入り口は幹線道路に面していて、絶え間なく人と物と車が行き交い、大きくて活気に満ちた「スーク（市場）」もあった。

そんな「エジプト最大のスラム」であるマンシェイヤナセル地区の、さらに坂を登った上部に「ゴミの町」は広がっていた。

境界線がある訳ではない。だが、足を踏み入れればすぐにそこがその場所なのだと分かるほど、あからさまに景色が変わった。スーク帰りの買い物客や移動販売の惣菜屋などの姿はもうすっかり消え去り、替わって前から後ろからひっきりなしにゴミを積んだトラックが通り過ぎる。そして、どの車両にも例外なく、荷台からこぼれんばかりに雑多な廃棄物が乗せられていた。運び込まれるそれらゴミは、迷路のようにくねった街路のあちこちに、たとえそこが交差する道の真ん中だろうが、家の玄関先であろうが、どんどんお構いなしに降ろされ、ガサガサ大きな音を立てて山積みされていく。どこを歩っても異臭が鼻

集めたゴミを分別するマンシェイヤナセルの人々（エジプト・カイロ）

を突き、風に舞い上げられた紙切れやビニールが視界を遮る。まさに五感すべてがこの町の異様さを知らせてきた。

凄まじき量のゴミたちは、路上からさらに人間が住む生活空間へと流れ込んでいた。建物の一階も二階も、その上の部屋の奥までゴミは侵入し、通りから見上げるビルの窓からは巨大な紙ゴミの塊なんかがはみ出していて、いまにも頭上に降ってくるような気配。おっと、割れた医療器具をうっかり踏んでしまった。あっと、運ぶ荷馬車から落ちた鉄屑が跳ね飛んでぶつかりそうになる。「ゴミの町」のゴミはいたく暴力的だった。町と人の暮らしは、その大量で粗暴なゴミたちにすっかり埋まっていた。

「水タバコ、どうだい」

歩いていると目が合って声をかけられた。押しつぶされたたくさんの空き缶の横で、汗まみれ煤まみれの男がふたりで座っていた。小さな町工場のようで、ちょうど休憩中なのだろうか、エジプト発祥とされる水フィルターで吸うタバコ「シーシャ」のボトルを手にしている。

彼らは一服しながらも仕事の手を休めはしない。聞くと、ゴミとして捨てられた空き缶から、アルミニウムを再精製しているということだった。ふたりがひたすら繰り返しているのは、空き缶を高熱の炉に放り込み、溶かし、型に流し入れる作業だ。すぐ脇には銀色に鈍く輝く金属の延棒がいくつも積まれてあった。

実は、このいわば資源リサイクル業と言えるものが、「ゴミの町」の住民にとってもっとも重要な仕事だった。空き缶だけではない。カイロ市街から集められた廃棄物たちは紙やプラスチックはおろか、家電も家具も車だって、住人たちがほぼ手作業で解体・分別し、再利用と現金化されていた。彼らザッバリーンたちはただ単にゴミを集めるだけの首都清掃人ではなかった。「ゴミの町」は単なるゴミの集積地とも異なっていた。ゴミと隣り合わせで、まさにゴミと同居しているようなこの生活形態は、ザッバリーンがゴミのリサイクルという生業をこなすのためにすこぶる利便のいい、〝職住一体〟の風景にほかならなかったのである。

彼らの話によれば、持ち込まれるゴミのリサイクル率は八割以上だという。もはやここは町全体が巨大な資源リサイクル機関。しかもその処理方式はほとんどが科学技術に頼らない、とても環境にやさしい、いまもてはやされている「サスティナブル（持続可能な）」なシステムと言ってもいいだろう。これこそが「ゴミの町」に生きる人々の真骨頂であり、首都の片隅に作り出されている〝異景〟の真相だった。

そして、この町にはさらにもうひとつの〝異景〟があって、その真相もザッバリーンの暮らしの中に隠されていた。

先ほどからひそかに気になっていたことがあった。空き缶リサイクルの仕事場で、男たちが水タバコを吸っていたことである。いまエジプトはラマダンの真っ最中である。エジプトが元祖の「シーシャ」であっても、喫煙行為は許されないはずだった。

「ラマダンだけど、それ、いいの？」

こちらの疑問の声に対し、汗煤まみれのサスティナブル男たちはやはり仕事の手を休めずに答えてきた。

「コプトにはラマダンは関係ない」

彼の言葉に出てきた「コプト」とは、キリスト教の一派であるコプト教のことだ。ザッバリーンたちのほとんどすべては、その信者であるコプト教徒なのだそうだ。人口の九割がイスラム教徒のエジプトにあっても、彼らザッバリーンは信仰する宗教が異なることで、イスラムの戒律ラマダンに従わなくても許される人たちらしい。

たしかに町のちょっと裏手にまわったところでは、昼間から堂々と飯屋が店を開け、しかも店頭で肉なんかをジュージュー焼いていたりした。炎天下、フルーツジュース売りのワゴンがゴミの間を軽快に走り、寄ってきた子供たちに冷たいものをゴクゴク飲ませていた。ゴミに埋もれながら人々は愉快に食べ、飲み、およそ空腹とは無縁の風景が広がっていた。コプト教徒（キリスト教徒）が住民のほとんどを占めている「ゴミの町」は、エジプトではまずありえない「ラマダンがない町」だった。

エジプトにおけるキリスト教の歴史は古い。この国にアラブ・イスラム勢力がやって来て征服したのが七世紀のことだが、多神教崇拝の古代エジプトが紀元前三〇年に滅んだ後、イスラムが来るまでの数百年間、この地はローマ帝国領となって人民の多くがキリスト教を信じる国として存在していた。

また「エジプト」という言葉はギリシャ語の「アイギュプトス」が語源とされるが、これはもともとエジプト古王国の都メンフィスをギリシャ人がそう呼び、転じて「エジプト」や「エジプト人」を指すようになったものだ。一方、この「アイギュプトス」がアラビア語の訛りを受け変じ生まれたのが「コプト」という言葉。だから、「コプト」とは「エジプト」と同根、同義で、いまも自分たちこそが古代からのエジプト元来の民だとするコプトの人たちも少なくないという。「エジプト」の国名は「コプト」教徒がいた世、つまりはキリスト教国だった時代と深く関連し、後にエジプトを支配してその数を増やし多数派となるイスラム教徒にしたって、もとを辿ればキリスト教徒からイスラム教へ改宗した「エジプト人」＝「コプト」の末裔ということになる。

ちなみに、コプトたちは「コプト暦」なるものを使っていた。起源は古代エジプトの太陽暦である。あのルクソールのお百姓アッザーフの体に染み込んでいる農事暦のカタチが、まさにコプトの人たちによって引き継がれていた。

現在、一億人を突破したエジプトの人口のうち、コプト教徒は約一割を占める。これは中東における最大のキリスト教勢力。そして、中東で最大級の広さを持つキリスト教の教

محسن الديب وشركاه
محاسبون و مراجعون قانونيون - خبراء ضرائب
٤ عمارات البترول - خلف نادي التوفيقية - المهندسين - ت: ٣٣٠٥٧٠٢٨ - م: ٠١٢٢٤٧٨٦١٣٩

「ゴミの町」に暮らすコプト教徒たち（カイロ）

会もエジプトのカイロに建てられている。それはほかでもない、コプト教徒ザッバリーンたちが暮らす「ゴミの町」にだ。

マンシェイヤナセル地区があるモカッタムの丘の、中腹あたりに隠れるように建つ「セントサイモン教会」がそれだった。この地でモスクではない宗教施設はとても珍しい上に、岩肌を掘り設えられた巨大洞窟礼拝堂などは、見る者を圧倒する歴史的価値ある稀有な宗教景観と言えるだろう。キリスト教徒以外にも国内外からの来訪者は多く、ピラミッドやスフィンクスには及ばないものの、ちょっとしたカイロ観光の名所になっていた。

週末のセントサイモン教会前はピクニック感覚で訪れる地元の人々であふれていた。「聖職者」が通り掛かれば「聖水」を浴びようと祈りを捧げながら人々が群がり、聖書や宗教グッズを売る店はどこもけっこう繁盛している。ひときわ長い行列ができている刺青彫り屋があった。

「終わったからもう泣くんじゃないよ。見てみなさい、ほら、きれいな十字架になっているじゃないか」

父に体を押さえられた男の子が、手首に縦横同じ長さのコプト十字が彫られていた。我慢したご褒美に甘そうなお菓子を買ってもらっている。もちろんここは「ラマダンがない町」。教会前の広場では家族で弁当を広げ食べていたり、屋台で買い食いしたりしている。

そんな騒々しい一団が去った午後、セントサイモン教会の周辺に残されているのは、無惨に食い散らかし捨てられた大量のゴミだった。宗教や食べ方の習慣が違っていても、食べ残し方、散らかし方は、カイロの下町の〝残飯山脈〟と似たようなものである。そこはコプトもイスラムも、エジプト人ならそうそう変わらないものらしい。

＊

コプト教徒であるザッバリーンの多くはセントサイモン教会へと通じる門前町に住んでいた。そこで知り合ったのがナギブという名の、やはりザッバリーンの男だ。迷路のような「ゴミの町」にいて、もし彼に会おうと思ったら、いつだって家の前に出来ているブルーシートが覆う巨大なゴミ山を目印に行けばよかった。

「この時期、ゴミ山の中の大半は人の食い残しさ。ラマダンになると豚に食わせる餌もどんどん増えるってもんだ」

ラマダン期間中のある日、ナギブはそう言って出迎えてくれた。あらゆるゴミが集まる「ゴミの町」には、もちろん人間が食べ残した生ゴミも集まってくる。およそ再利用に不向きと思えるそうした食品廃棄物もちゃんとリサイクル品の対象になっていて、多くは豚の餌として処理されていた。

マンシェイヤナセル地区の深部にある「ゴミの町」の、さらに奥まったところだった。

周囲から「豚の場所」などと呼ばれているエリアでは、養豚を行うザッバリーンたちがいた。彼らは残飯を餌に豚を育て、肥やして食い、売って家計をまかなう人たちである。戒律で豚を食べることを禁ずるイスラム社会だから、豚を飼うことなんてことはまずしない。コプト教徒たちはここにも壮絶な〝異景〟を作り出していた。

ナギブの家業を見ていると、まるでゴミリサイクルの総合商社のようだった。七〜八階ほどのビルの裏手に中庭のような空間があって、そこには実にさまざまな種類の廃棄物が積まれ、それぞれのゴミを処理する作業場と、作業員の住居が囲んでいた。カップ麺の容器をせっせと分別するオバチャン、大量のペットボトルを大型プレス機で圧縮するオッチャン、背丈の倍以上の高さまで積んだ紙ゴミを背負う少年、体重の倍以上の木製家具を持ち上げる筋骨隆々、そして、生ゴミの入ったバケツを両手に下げて奥へと運ぶ女。家族や親戚を中心に一〇数人が働いているそうで、みんなゴミ山を前に這いつくばりながら作業をしていた。

ナギブは最初から気軽にゴミ処理風景を見せ、案内もしてくれたのだが、最後の生ゴミの行く先についてては、

「どうしても見たいのなら豚だけだ。豚にどんな餌を食わせているかは、あんまり写真に撮るなよ」

と言い、ちょっとだけ難色を示した。餌である生ゴミの運び役も女から若い男に代わっ

た。彼の後ろから付いて行くと、ゴミの壁に囲われた狭い空間に二〇～三〇頭の豚が飼われていた。豚舎というよりは放し飼いに近い状態。ことさら給餌場もないから、男が運んだ生ゴミは豚がいる辺りを目掛け豪快に放り撒かれる。降って沸いた〝餌〟へと一気に群がるたくさんの豚たち。なるほど、足元がぬかるんでいたのは、こうした〝餌〟が積み重なっているからだと分かった。地べたに垂れ流された豚の糞も混じっていることだろう。これはうっかり転べない。

手前の少し離れた場所には数匹の子豚と巨体を横たえた白豚がいた。ゴミ山の中から突然に頭をもたげ、その豚の頭の上にもまた生ゴミがぶちまけられる。回収されたばかりの新鮮な生ゴミはそれほど腐敗してなかったのだろう、異臭は少ない。だが、異彩は放つ。野菜や肉や料理の屑に、得体の知れない半溶解物。ジュブジュブと顔を突っ込み浸す豚の体には、ビニールの包装紙や縄紐といった食品以外もまとわりついていた。

人間の食べ残しを食って豚が生きていた。そしてその豚たちは、やがて人間の食べものになって人間を生かす。まさに途切れない食の円環（＝リサイクル）。どこを切ってもまぎれもない食の風景で、すばらしいサスティナブル！　ただし、食欲という点になると、残飯が食い散らかされるこの食の風景からは、再び食欲が湧くとは言いがたい。ここにいたって分かった。ナギブが豚の〝餌〟を詳しくは見せたくないとしたこと、〝餌〟を食わせる様子を知られたくないとしたことは、あくまで食品となる豚の商品価値に傷が付くネ

生ゴミを餌に豚を飼うマンシェイヤナセル「豚の場所」(カイロ)

ガティブな発信を外国人にされるんじゃないかと警戒していたのだ。

しかしながら、そんな感情を見透かしたように、ナギブはうすら笑いを浮かべ、試すように語りかけてきた。

「じゃあ、この豚、食ってみるかい」

教えられたのは彼が豚を卸しているという店だった。外からは民家のように見えて、でも本当は肉屋。行くと奥から塩辛いタレをからめ付け焼きにした豚の肉が出てきた。中東ではポピュラーな塊り肉の串焼き料理、エジプトでもよく食べられる「シシケバブ」である。一般的に使われる肉は羊やヤギで、もちろんイスラム社会では豚を食べることを絶対にしないので、〝豚のケバブ〟とは通常ならありえない料理と言えるだろう。

「この肉は、さっき見たあの豚たちの肉か」

直前に見た光景の記憶からか、なかなか食欲のスイッチは入らない。しかし、焼かれた豚肉の匂いとは手強い。嗅覚は「豚の場所」のヌメヌメした視覚の記憶をすっかり凌駕し、無節操に腹を鳴らせた。久しぶりの豚肉だった。ルクソールで食ったお百姓の野菜が深く沁みわたる滋味なら、この「ゴミの町」の豚肉の脂身の滴りは、むやみに叫びたくなるような活力みなぎる味だった。エジプトではどこに行っても古代遺跡に触れられて、さんざんすばらしき過去の遺物を味わってきたが、ここでは生きている人間と家畜が作り出す、なんとも生々しい現世が放つ〝体温〟が食えた。

モカッタムの丘の多くのコプト教徒は、エジプト革命（一九一九年）後、ナイル川上流の農村から仕事を求めカイロに移り住んだ人たちとされている。首都郊外の空き地に集落を作り、当初はヤギや豚などを飼って細々暮らしていた。そのころから少なからず集めた生ゴミを家畜の餌にはしていたらしい。やがて都市生活において、より収入を得られる廃棄物処理の仕事を彼らが選ぶようになり、もともと生ゴミを食わせていた養豚も廃棄物処理業の一部に組み込まれ、ひいてはカイロ全域のゴミリサイクルの一翼を担うまでになっていったのだという。

そんなナギブたちザッバリーンの存在が、期せずして世間の注目を浴びる出来事があった。新型インフルエンザ、エジプトなどの中東イスラム社会ではことさら「豚インフルエンザ」と呼ばれた疫病だが、これが世界的な拡大を見せた二〇〇九年のことである。エジプト政府は豚インフルエンザの対応策として、すぐさま国内で飼育されていた三〇〜四〇万頭の豚の全頭殺処分を決める。「豚の場所」に飼われていた一説には六万頭以上の豚たちもすべて駆逐されることになり、結果、多くのザッバリーンが養豚業を続けられなくなってしまった。さらにはその余波で、ゴミ拾集の仕事自体を失う者まで出始めて、「ゴミの町」は危機的な事態に陥った。

「抗議デモにも行ったよ。仕事を奪うなってね」

ナギブの家近くにはこの地域を束ねるザッバリーンのボス的な男がいた。「豚の場所」についてあれこれを聞いていると、彼はだんだん各方面への、本当のところの不満を吐き出すようになった。

「悪いのはイスラム教さ。豚を嫌いなイスラム教徒が、異教徒のおれたちを排除するために豚の処分を命じたんだ。ここで豚を食って病気になった人なんかいない。なんで豚を殺さなきゃいけないんだ」

ザッバリーンの一部には豚を排除しようとする警察へ過激な抗議行動に出て、怪我人や当局に拘束された者もあったという。突然強行された生活基盤を脅かす政策に彼らが強く反発するのは当然だろう。だが、それとは別に、豚インフルエンザ騒動はイスラムとコプトの宗教対立の様相も見せ始めてしまった。政府による豚の全頭殺処分は、豚を〝不浄の動物〟とするイスラムの教えのコプト教徒への押し付けであり、宗教的な差別だとする抗議の声がザッバリーンたちから沸き上がっていった。

彼らの憤りの背景にはどうしようもない経済格差があった。「ゴミの町」の人々は圧倒的な貧困層にいた。「エジプト最大のスラム」と呼ばれるマンシェイヤナセル地区にあっも、イスラム教徒が住む丘のふもとに比べ、コプト教徒が多くを占める「ゴミの町」の経済状況はいっそう低く苦しく、生活に大きな差異があった。

宗教マイノリティーが受け続ける根深い差別は就職や教育にも少なくない影響を及ぼす。

なによりも子供たちへの教育機会という、貧困から脱するのに有効かつ最低限必要な手立てに関しても、けっして良好な環境とは言えない。ゴミ拾集の仕事を手伝うために不就学の子供たちは多く、彼らは一日じゅうゴミを相手に暮らし、走りまわる遊び場もゴミの中、宿題をする勉強部屋もゴミの隙間である。「ゴミの町」には国連教育科学文化機関（ユネスコ）が支援する学校も作られてはいるが、高等教育まで享受できる者は一部に限られていた。どうしても貧困は拡大生産され、低賃金の暮らしが容易に変わらない現実も、ここには理不尽なほどリサイクルされる。

ザッバリーンたちを突然襲った豚インフルエンザ騒動は、豚の殺処分が強行された「豚の場所」だけでは事が収まらなかった。ザッバリーンの元から豚が消えた途端、ゴミ処理を彼らに依存していたカイロ市内には市民が出した生ゴミが放置され、路上に散乱し、不衛生な環境がみるみる常態化していった。

「イスラム教徒が出したゴミをおれたちの豚が食っている。結局、困るのはあいつらイスラム教徒なんだよ」

豚から人間への豚インフルエンザの感染例はなく、世界保健機関（ＷＨＯ）も当時から「豚肉が感染源になることはない」と明言していた。豚には罪がなかった。ゴミが溢れた街に対し、「豚の場所」のボスや集まっていたザッバリーンたちの口ぶりは、それ見たことか、ザマあないぜといった感じである。

豚の飼育を禁じられた後、ナギブたちは替わりにヤギを飼育し始めた。「豚の場所」は「ヤギの場所」になって生き残ろうとしていたのである。ナギブが住む集合住宅を訪ねると、まず一階は大量のゴミで埋まり、それをかき分け登った上階にたしかにヤギがいた。素通しの窓にコンクリート打ちっぱなしの部屋。数頭のヤギたちは誰かに飼われているようでもあり、勝手に住みついているようにも見え、そんな居住者不明の閉ざされた空間には草とたくさんのヤギの糞が散らばっていた。

しかしながら、実はすでに見たように、豚インフルエンザ騒動から数年が経ったいま、「豚の場所」にはヤギもたくさんいるのだけれど豚もたくさんいる。したたかなるザッバリーンたちは一掃された豚をいつの間にやらまた飼い始め、本来の生業を復活させていたのだ。いっこうに減らないカイロの生ゴミを前にしたエジプト政府とカイロ当局は、違法としながらも豚を使ったザッバリーンたちの廃棄物処理業を黙認するしかなかった。

ナギブたち家族が住む部屋は「ヤギの場所」の上の階だった。「人間の場所」へはさらに糞とゴミをかき分けて階段を登らなければ行き着けないのである。ナギブはキリストの絵が壁に掛かった小さな部屋で、また「豚の場所」の必要性を繰り返す。

「ラマダンは豚がいなければゴミだらけになるんだ」

ソファーに腰掛けたままの彼は、ラマダンのない町でそう言って、ゆっくり美味そうに紅茶を啜った。

アエーシと無法者がもたらす治安

日本の外務省はこのところ、ラマダンの期間が近付くと「海外安全ホームページ」内で決まって同じような注意喚起を行なう。曰く、「近年、ラマダン月及びその前後に世界中で多くのテロ事件が発生しています」。

喚起はしても具体的な事例は示してくれないので、ならばと調べると、ラマダン期間に合わせたとみられる「近年」のテロ事件はいくらでも挙がった。イラク・バグダッドでの自動車爆発二九二人死亡（二〇一六年）、イギリス・マンチェスターでの自爆テロ二二人死亡（二〇一七年）、アフガニスタン・カブールでの爆発九〇人死亡（二〇一七年）、ソマリアでの政府関係者が襲撃によって外務大臣を含む九人死亡（二〇一九年）、ナイジェリアの村を武装集団が襲い二〇人死亡（二〇二〇年）、タリバンが復権したアフガニスタンと隣国パキスタンで続発する自爆テロ（二〇二一年以降）などなど。日本人を含め二〇人が犠牲になった二〇一六年のバングラデシュのテロも、事件が起きたのはラマダン最後の金曜日だった。

イスラム教徒にとってもっとも「神聖な月」がラマダンだ。その期間中に積んだ功徳は他の月よりも高い価値を持つとされる。だからイスラムの過激派組織は、そんなイスラム教徒の信仰心の高まりにつけ込むかのように、ラマダン中に「ジハード（聖戦）」をせよとこう呼びかける。――異教徒の敵を攻撃するのはイスラムの「絶対善」――。身勝手な暴力を正当化するため、〝主張する強固なイスラム〟というものがテロリストたちに利用されるのである。

イスラム過激派によるテロはもちろんエジプトでも起きる。そして、攻撃対象の一つになっているのがコプト教徒たちだった。礼拝でたくさんの人が集まる都市部の教会に爆弾を仕掛けたり、武装集団がバスに乗った人たちを襲ったり、「近年」はいわゆるイスラム国（「イラク・シリア・イスラム国（ＩＳＩＳ）」などとも呼ばれる）が犯行声明を出したテロだけでも相次ぐ。ラマダンがない「豚の場所」でコプト教徒のザッバッリーンのひとりがつぶやいた。

「ラマダン中にテロを起こすのは目立つから、注目されるから。もちろんテロは怖い。だけど、ラマダンが悪いのではない。イスラムとわたしたちは共存できるはずだ」

あえてコプトの男が持ち出したイスラムとの「共存」だが、裏を返せばそれがいっこうに実現されないエジプトの現実を反映している。

エジプトでは歴代の政権と各宗教組織との関係がそのときどきで微妙に変化してきた。たとえば、一九七〇年代の大統領サダトは、中東和平に反発するイスラム勢力に手を焼いていたが、イスラム教徒とコプト教徒の衝突事件を利用して反政府イスラム勢力を大弾圧した。この弾圧直後に彼はイスラム急進派によって暗殺されたとされる。この混乱を収めるため、代わった大統領ムバラクは独裁と言われながらも宗教対立の解消に腐心しなければならなかった。そして、ムバラク政権をいわゆる「アラブの春」で倒して大統領になったのがモルシだ。政権誕生時には彼の権力基盤であるイスラム組織「ムスリム同胞団」と、コプト教徒との間には、ムバラク独裁批判での連携があった。しかし、次第にコプト教会などからイスラム政権への不満が噴出し、対立が表面化する。モルシから変わった現シシ政権になると、今度はムスリム同胞団はテロ組織と見なされ、コプト教徒たちの立場は政権寄りへと転じていく。

反エジプト政府の過激組織はいつだって、政府が敏感にならざるを得ない、政治混乱を招きかねない宗教間のナーバスな部分を突く。ラマダン期間中に起こされるコプト教会へのテロも、社会の不安をより煽り治安を揺さぶるためだ。そして、標的になるのはテロに脆弱な一般市民である。卑劣なテロリストたちは「ソフトターゲット」を狙う。

二〇一一年に起きた「アラブの春」から一〇年を越えた。エジプトはこの間、政治の激変を経験してきた。デモ、暴動、軍事クーデター、そしてなにより頻発するテロ。安定しない政治状況は治安を悪化させ、大いに一般市民の暮らしの足かせとなっていった。外国からの投資や観光など、現代のエジプト経済を支えているものは、治安の状況に大きく左右されるものばかりである。治安悪化はすぐに経済不振を招き、経済の停滞は庶民の生活、なにより日々の「食う」を直撃した。市民にとって治安とはまず胃袋だった。食えない不満はやがて暴動、さらには政変へと発展する。ラマダンに起こるのはテロだけではない。この国では革命もラマダンに起こった。

＊

二〇一三年春、ラマダンが始まる三か月ほど前のとある金曜日だった。カイロの中心地にある「タハリール広場」に足を運ぶと、そこにはエジプトのパン「アエーシ」手に持って叫ぶ大柄な男がいた。アエーシとはエジプト人が主食としてもっとも頻繁に食べる丸くて平たいパンだ。大柄な男は引きちぎったアエーシを片手に握りしめ、それを高く頭上に掲げながら、

「おれたちにこれを食わせろ、アエーシを食わせない大統領はいらない、エジプトを去れ」と政府への怒りと抗議を繰り返していた。

約三〇年続いたムバラク独裁政権の、その崩壊のきっかけになった大規模な反政府デモの中心地であり、「アラブの春」による〝革命〟の震源地として有名になったタハリール広場。二〇一一年の〝革命〟後も続く不穏な社会状況に、ひとたびなにかあれば人々はこ

タハリール広場でエジプトパン「アエーシ」を掲げ叫ぶ男（カイロ）

モスクに寄付された食料を奪い、持ち去る人々（カイロ）

の広場に集っていた。

　たったひとりでアエーシを手に持って叫び続ける男の姿はちょっと異質だった。周囲には徒党を組んで政治的スローガンを言ったり、横断幕や旗を持って練り歩いたり、遠くの方には石を投げ、なにかを燃やす若者たちもいた。広場を埋めるそうした群衆の中にあっても、たったひとりのアエーシ男はなぜか目を引いた。紅潮した顔にはだんだんと涙が浮かび始め、少し涙声になっている。訴えかける声と表情の切実さはもはやタハリール広場で群を抜いて見えた。

　エジプト国内ではこのときアエーシが大幅な値上げ、もしくは配給制になるとの噂が市中を席巻していた。アエーシはどこでも買えて、大多数の市民が利用するのは政府補助で低価格で販売する街角の店である。そこでは直径二〇センチほどのアエーシが二〇枚十数円と格段に安く買える。しかし、値上げや配給制になるとの話がまことしやかに囁かれ、危機感を持った市民が街角のアエーシ販売所に殺到。日に日に並ぶ人の列が長くなっていた。いつ製造工房から運ばれるのか分からないアエーシに、朝から晩まで女性や子供がただ待ち続ける非日常が、カイロの日常になった。ただ、運ばれ供給されるアエーシの量は求める人間の数に比し圧倒的に少なく、そのわずかしか売られないアエーシを人々が壮絶に奪い合う姿もまたカイロの日常になっていた。

　エジプト政府は長年、生活必需品に多額の補助金を使って貧困層の不満を和らげてきた。

だが、「アラブの春」後、長く続く治安の悪化に失政もあって、モルシ政権下での財政状況はもはや限界になっていた。世界最大級の小麦輸入国エジプトにとって、アエーシの価格は噂ではなく本当に高騰必至な状態だった。湾岸諸国による支援もあって値上げはいったんは見送られたものの、毎日強いられるの街角での〝アエーシ争奪戦〟は収まらず、略奪行為も見られるようになる。アエーシを巡って繰り広げられる騒動は、ときに大規模な抗議デモや暴動にまで発展する。カイロ以外の全国各地でもテロが起きるようになって、政変に繋がるような不穏な空気がエジプト社会を覆っていた。

結局、モルシ政権は二〇一三年のラマダン開始が目前に迫った七月、軍が介入した事実上のクーデターによって倒れることになる。思えば二〇一一年の革命時に掲げられたスローガンは「自由とアエーシと社会正義」だった。経済、ことさら胃袋にまつわる不公平感は民衆の直接行動を喚起し、そのまま治安の悪化、政変へとつながったのである。タハリール広場のアエーシ男はさんざん叫んで少し落ち着いたのだろうか、冷静にあることを言っていた。

「あの『アラブの春』の革命はいったいなんだったんだ。アエーシが食えないなら、あの革命のとき以上の暴動が起こるかもしれないぞ。モルシもムバラクと同じような目にきっと会うぞ」

それはまったく的中した予言だった。

＊

マンシェイヤ地区の近くで、小さなアエーシ販売所がある狭い路地だった。ゆっくり慎重に走る車の中で、案内役の男が前を向いたまま助手席から大きな声で告げた。

「数日前にここで人が殺された。強盗に入られたアエーシ屋が、マシンガンでその泥棒三人返り討ちにしたのさ」

渋滞で止まってしまった車の窓越しには、若い男がひとり定まらない目つきでゆらゆら近づいて来た。車中の案内役の男はそれが麻薬中毒者だと当たり前のように説明する。おそらくここはカイロでもっとも治安の悪い街区の一つ。案内役の男は当地の突出したヤバさをちょっと自慢げに伝えようとしているらしいのだが、この案内役の男の顔を見れば頬には刃物で切りつけられたような古い傷があって、そんなヤバそうな男に言われたら嫌でもこの場所のヤバさは分かろうってもんだ。

車が着いた先である人物に会った。あたりを仕切る顔役だと紹介された。この人物を通さないとここでは何の話も聞けないという。顔役はヨレヨレの薄いシャツを着たラフな格好で、家の前の路上に置いたソファーに深く腰掛けている。そんなにヤバそうじゃなくて一安心。だが、まったく笑わない。いたく獰猛そうな犬も横に控えている。

「ここの治安はおれたちが守っている。警察なんかは手出しできない。『ダーイッシュ（「イスラム国」に対するアラビア語圏での呼び名）』だってここには入っちゃ来れない。おれたちが奴らを排除しているからな」

目の前でそう話す顔役の男は同乗して来た案内役男の仲間なのだそうだ。通称「ハンガラニーヤ」と呼ばれる人たちで、一般のカイロ市民からは強盗を生業にする集団として広く知られた存在らしい。警察の捜査で一斉摘発された姿をときどき新聞やテレビ報道で目にする犯罪者の集まり。けっして〝カタギ〟ではない。ただ、マフィアほどの本格的な反社会組織ではなくて、地縁血縁で結びついた街の無法者といったところ。実際に彼と彼の仲間たちと〝ヤバい街区〟を歩いていても周囲の一般市民からは、

「ハンガラニーヤがいるから、自分たちが住んでいるこのエリアは犯罪がないんだよ」

と、まるで無法者らしくない意外な反応が返ってきた。こと治安に関してはハンガラニーヤに向けられる目はむしろ好意的だった。彼らと訪れた茶店でも、店員は嫌な顔もせずにスッと菓子と飲みものを出してくれる。わざわざ顔役に会うために店の外から菓子を携えた人が訪れたりもする。なにかのお礼か頼みごとを述べているのだろうか、顔役は黙って訪れた人の話を聞いて、横に座る配下に耳打ちで指示を出す。まるで映画の「ゴッドファーザー」だ。そこにいるのは〝ドン・ハンガラニーヤ〟だ。

来訪者の中には先日のアエーシ屋襲撃事件を目撃した人もいた。人がマシンガンで撃た

قصر المطور
قصر المطور
للأعمال الخيرية
٠١٢٧٤٤٥٦٦٨٠ - ٠١١٥

街角のアエーシ販売所に群がる市民（カイロ）

れて死んだ凄惨な様子を語りながらも、それでもきっぱりと言う。

「ここの治安はいいんです。クーデターがあって大統領が交代しても変わらない。ほかの場所よりずっと安全なのです」

モルシ政権が倒れた後のエジプトは、国軍を背景に強権的な手法で治安を回復させようとするシシ大統領が誕生していた。ハンガラニーヤの顔役はそうした当世の権力者を持ち出して、どこか満足げに話をする。

「最近は政府の取り締まりが厳しくてよく仲間が捕まるけれど、シシはいい奴さ。いまの大統領は独裁者だろうよ。だけどオレたちハンガラニーヤと同じなのだよ。たとえ嫌われ者だって、誰がもアエーシを買えるように治安を守っているから支持されるんだ」

彼は差し入れられた菓子を受け取り、それを食いながら、喋りながら、ボロボロこぼしながら、初めて笑った。同じものを勧められて食った。ボソボソの小麦粉の練り生地にナツメヤシやナッツ類の餡が包まれたアラブでよく見る菓子だった。衝撃的に甘く、急激に血糖値が上昇したか、ひょっとしてドラックでも仕込まれていたのか、なんだか食った途端いヤバいほど頭がクラクラした。

＊

他方、ヤバさではまるで引けを取らないだろう「豚の場所」。ここではシシ大統領についての評判はあまり芳しくなかった。ゴミ分別を生業にするナギブは、公然と大統領への不満を口にする。

「おれたちはムバラクの時代からしていた仕事をシシ大統領に奪われた。いまは食うのにも困っているんだ。政府は金がないもんだから、中国の企業にゴミ回収の仕事を勝手に売っちまったのさ。それでどうなったか見てみろ、カイロはまたゴミだらけだ」

大都会でありながら、カイロにはゴミ回収の行政サービスがほぼ存在しなかった。その穴をザッバリーンたちが埋めていたのだが、ナギブが説明した通り、現政府は外国企業と連携して新たな廃棄物処理事業を行おうとしていた。ただし、やり方はザッバリーンがしているような市街細部まで拾集に赴く方法とは異なり、大きなゴミ捨て場から大雑把に集めるだけなのだという。しかも、すぐに現金化できるもの以外は分別もリサイクルもせずに埋め立て廃棄してしまうらしい。仕事を横取りされただけではない。自分たちなら利益に変えられるものを、ただただ無駄に帰す政府のやりように、ナギブたちザッバリーンは我慢ならなかったようである。

しかし、ハンガラニーヤがいる地区と同様、「ゴミの町」にずっと大きな暴動は起きてはいない。治安は崩壊していない。理由はアエーシ販売所やスークを覗けば分かった。さまざまな食料品が値上がりしていても、主食であるアエーシは二〇枚十数円で変わらずに販売所で売られている。庶民の台所で聞かされる解説は明快だった。

「アエーシの値段に手をつけると暴動が起きる。たいへんなことになるのがシシは分かっているんだよ」

住民がいまの政府に求めるのは、一枚のアエーシの値段を維持し、アエーシ販売所に奪い合いが起きないための治安だ。シシ大統領は治安回復を公約に掲げ、大統領自身も国民も、その治安回復には経済再建が最短手法だと分かっている。だから、治安を悪化させかねない胃袋の不満、ことさらアエーシ価格を上げることに政治が手を出すことを極力避けている。

ハンガラニーヤへの信頼と似ていると思った。〝無法者〟であろうがイスラム国（＝テロ）さえ押さえ込んでしまう力、それによってもたらされるアエーシが買える治安。軍と警察を動員して市民を抑圧しても、人権抑圧や政治弾圧で欧米から悪名が高くても、現シシ大統領は国内では一定の支持を得る。二〇一八年の大統領選挙では得票率九七％、二〇二三年も同九〇％で再選したほどだ。


聖人の祭りが「ゴミの町」には間近に迫っていた。あちらこちらに教会をかたどったハリボテやキリスト教の聖人の肖像画が掲げられるなど、祝う風景が広がっていた。しかし、いつもそこにあるゴミは片付けられることもなく、盛大に放置されたままだった。ここでは聖人すらゴミに埋まっていた。ナギブたちも相変わらず日々運ばれて来る膨大なゴミたちを分別し、リサイクル業に精を出している。

「コプト教徒にも断食の習慣がある。クリスマスやイースター（復活祭）の前には、それぞれ数十日程度の断食を行うことになる。全部を合わせればイスラムのラマダンよりも長い日数だよ」

と教えてくれた。彼によれば、コプト教徒の断食は肉類や乳製品などの限定された食品を摂らなかったり、実施時間も人によってまちまちだったりするそうだ。信仰の発露としての宗教行為に違いはないが、ルールがきっちり決まっているラマダンに比べて、コプトたちのそれは随分と自由度が高いようだ。

ナギブの家の前に集まったゴミを見ていたら、うず高い山の中には実に多くの食いかけのアエーシがあった。それはラマダンであっても、コプトの断食であっても、クーデターが起きても、テロでも革命でも、いつも関係なく存在するゴミなのだという。

「きっとエジプトの治安がよくなればもっと増えるよ」

カイロの「ゴミの町」には、残飯に混じって「治安」があった。

「ゴミの町」に住むコプト教徒の女性（カイロ）

III

ガージョの飯は不味い

《東欧・バルカン諸国》

さばいた豚を持ち帰るロマの男（ルーマニア）

パキスタン人のアフドアが、火にかかっている鍋の中央からわざわざ一すくいしてくれた。味見してみろ、ということらしい。

「分かるだろう、アジアの友人よ」

と一言告げて、こちらの顔を見上げる。足下に据えた鍋では野菜や豆を煮込んでいた。その出来かけを受け取って口中で吟味する。弱々しい味だ。単純に塩気が足りないというのではない。肉類はもちろん、具材を炒めるときに油脂類を使ってないからコクやうま味に乏しい水っぽい味だ。さらには辛さがない。圧倒的に香りがない。つまりはパキスタン人の彼の食欲を湧き立たせるはずの唐辛子やニンニクといった、香辛料と香味野菜由来の風味がほぼ見当たらないのである。

ただし、色は赤い。おそらくここでは手に入りやすいのだろう、唐辛子の仲間だがほとんど辛さがないパプリカは多用したようだった。かろうじて感じる鈍い刺激の隙間に、遠く遥かなアジアがちょっとだけ見え隠れした。

南アジアでも東南アジアでも中東でもいい、あの暑く混沌とした空気が漂う街で汗をかきかき食べる味と、目の前の鍋の中の味がまるで異なることは「アジアの友人」じゃなくたって明らかに判別がついた。だが、パキスタン人のアフドアが言わんとすること、共感を求めている部分とは、そんな単純なグルメ的感想ではないはずだ。彼はきっと知って欲しかったに違いない。この寒いヨーロッパの片隅に留め置かれている自分たちの現状を、不満を、心細さを。

人間の想いというものは、目や耳を使って得られる情報より、舌や胃袋から如実に伝わることもあるらしい。——おれたちが望んでいるのは、いまこうしてここにいることじゃない——。アジア中東の民が作り出した〝味〟は、痛いほどそう訴えかけていた。

留め置かれた民のカマド

パキスタン人のほかにイラク人もいた。アフガニスタンやシリアから来たと話す男たちもいる。すぐ脇にあるいくつものテントの中にはそれらの国々出身の女性に子供たちも多数見受けられ、すべての人を合わせれば数百人規模になっていそうだ。

野営テントに人が群れていても、休日のレジャーキャンプ場ではない。楽しくピクニックをしているのでもない。ここはバルカン半島の国セルビアの最北部で、ハンガリーとの国境を目前にした田園地帯である。遊ぶ場所なんて見当たらない荒涼とした東ヨーロッパの土地にあって、急きょ設置されていたこのみすぼらしい「キャンプ場」には、祖国を脱出し、ようやくここへたどり着いた、ただし、もう先に進むことを拒絶されたアジア各国の民が集められていた。

二〇一五年夏からヨーロッパに押し寄せ始めた中東・アジアからの難民や移民の数は、およそ一年ほどの間に一〇〇万人とも一五〇万人以上とも伝えられていた。戦争や迫害、貧困など理由はさまざまだが、自国を離れヨーロッパを目指す人間の大移動は「戦後ヨーロッパで最悪の人道危機」とも言われ、西欧諸国に大混乱を引き起こしていた。

実は、こうしたアジア中東からの難民・移民の八割以上が、バルカン半島を経由地にする似かよったルートで、ドイツなどの欧州連合（EU）の国を目指していた。代表的なのはこのセルビアから北の国境を越えてハンガリーへと抜けて行くルート。しかし、EU域内に進入する大量の異邦人に対し、向かえる最前線に当たるハンガリーがいきなり国境を閉鎖してしまった。結果、アジアから移動して来た大量の難民・移民たちは、EU直前のバルカン半島で足止めとなり、そこに一気に滞留し、溢れ返ることになった。苦慮したバルカン各国は臨時の滞在場所を設置して彼らを収容する方策をとるのだが、そうして留め置かれたアジアの難民・移民たちにとっては、もはやバルカン半島全体がどこにも行き場がない、そう、あたかも〝留置場〟と化してしまったのである。

スボティツァはハンガリーと国境を接するセルビア最北の町だ。国境線まであと数キロの町外れに、国際援助団体の名前が書かれた簡素なテントが並んでいた。周囲とは金網で仕切られたアジアの民の〝留置場〟では、くだんの援助団体によって〝臭い飯〟ならぬ〝冷たい飯〟の配給が行われていた。東欧の寒々しい空の下で、凍えながら、震えながら、今度はアフガニスタン人が話す。

「配られるのは缶詰とかビスケットとかばかり。本当は温かいものが食べたいんだよ。もう、寒くてたまらん」

アフガニスタン人の彼は鍋ではなく大きなフライパンを持って来ていて、パキスタン人の隣でやはり何かの料理を作り始めた。仮住まいテントのすぐ横、食材を炒めるフライパンの下からは焚き火の煙が立ち昇る。彼が向き合っているのは野外に設えられた簡素な〝カマド〟だった。石を組んだまわりに風をよける板を立て、燃料は拾ってきた木の枝。焚きつけに使うのは援助物資を包んでいた紙きれ。地面を少しだけ掘ってくぼませた即席のカマドは、もうすでに数か月も使っているものだという。見回せばそうしたカマドがいくつも作られ並んでいた。望なまい形でここに留め置かれた彼らの長い野宿生活を支え、欠かせなくなってしまった常設の調理場だった。

使う食材は、近所の農村から調達できるタマネギやニンジンに加えて、いくばくかの金を出せば鶏卵も手に入るのだという。今度はイラク人が別のカマドに火を起こしている。荒く切った根菜にトマト、配給でもらった缶詰の豆を加えた料理は、セルビア北部や国境の向こう側にあるハンガリーの名物煮込み料理「グヤーシュ」に見た目だけはとてもよく似ていた。

「もうここに四か月はいる。ハンガリーに入ろうと二回も試みたけれどダメだった。パキスタンを出たのは去年の一一月。トルコからは小さなボートに乗って海からギリシャに入って、あとはずっと陸路を歩いてマケドニア、セルビアまでやって来た。なのにここでずっと足止めだよ」

調理を終えたパキスタン人のアフドアが再びぼやく。

彼が同郷の仲間と母国パキスタンを出たのは二〇一五年夏のことだった。その頃、依然としてシリアでの内戦は終わりを見せず、イラクやアフガニスタンではテロが頻発していた。そうした中東・アジア各国の政情不安によって潜在的に増えつつあったヨーロッパへの難民・移民流出だが、一気に加速したのはアフドアが出国する直前に起きた悲劇がきっかけだった。

「シリア難民を乗せたボートが地中海で転覆し、溺死した三歳男児がトルコの海岸に漂着した」

そんなニュースが、波打ち際で警官に抱えられる男児の遺体写真とともにメディア報道されると、EU内でまたたく間に難民に対する人道支援の声が大きくなった。悲劇の三日後には、ドイツ首相メルケルが「シリア難民らを無条件で受け入れる。上限はない」と表明。アフドアたちが国を出たのは、そのメルケル発言を聞いてすぐのことだった。

地面に作った〝カマド〟で豆を煮込む（セルビア・スボティツァ）

彼は話を止めなかった。完成したはずの料理を食わず、放ったらかしにしたまま、まだまだ言いたいことがあるらしい。

「よりによって犬だよ、犬で襲わせるんだ」

イスラム教徒は犬を宗教的に不浄な生きものとして毛嫌いし、尋常じゃない怖がり方をする。アフドアたちが国境を越えようとすると、大勢のハンガリー警察隊が待ち構え、棒や催涙弾や、そして、イスラムの宗教習慣を知っているのだろう、獰猛な大型犬を使って追い払うのだという。

「おれは犬に噛まれたんだぜ」

足首に残る生々しい傷跡を見せながら、横のカマドにいたイラク人が話に割り込んできた。彼はパキスタン人とは別の道程、ここに至る彼自身の苦難の旅を語り始める。

「家族といっしょに船でイタリアを目指した。だけど自分だけ失敗してギリシャに戻された。あとはアルバニアを通って、コソボ、ここセルビアだ。家族はいまオーストリアにいる。わたしもまずはオーストリアに行くつもりだ」

パキスタン人、イラク人の話を聞いていて、続いたのはアフガニスタン人だった。彼からはまた別のルートが披露される。

「トルコを出てからはまず北へ向かった。ブルガリアを抜けてセルビアだ。いったんクロアチアにも入ったけれど、ハンガリーの国境は越えられなくて、仕方なくまたもう一度、セルビアに戻って来た」

いろんな来歴を聞かされたものの、全員に共通していたのはアジアの祖国を出発したあと、トルコとバルカン半島を経由し、このセルビアの収容キャンプに到達したということだった。だいたいの難民・移民たちはまずは陸路でトルコ内の西の国境に向かう。そこから小型ボートでエーゲ海（地中海）を渡るなどしてギリシャへ。そして、バルカン諸国をひたすら北上するのだという。「バルカンルート」。西欧へ向かう彼らのほぼ同じ移動経路は、人々からいつしかそう呼ばれるようになっていた。

ただし、バルカンルートを使ってアフドアたちが最終的に行き着きたいの場所は、ここバルカン半島の国ではない。東欧のハンガリーやオーストリアを抜けた先にあるドイツ、またはもっと先のイギリスやフランス、もしくは北欧といった、経済的に豊かなヨーロッパの国々である。マケドニア、セルビア、クロアチアといった、通り道になるだけのバルカン諸国はそのあたりを承知しているので、当初は難民・移民たちを国内に留まらせないよう、彼らの移動を積極的に手伝ったりしていた。自国の南側国境を越えた入国者を、北の国境までバスや列車などでピストン輸送し、どんどん他国へ送り出す方策を取った。バルカンの国々にとっては難民・移民たちは束の間、ちょっと通り過ぎるだけのお客さんだった。難民・移民たちからひそかに移動のための運賃を徴収することで、小金が稼げる濡れ手に粟のビジネスにもなっていた。

だが、メルケル・ドイツが開けたパンドラの箱は、予想をはるかに超える人間の流入をヨーロッパ社会にもたらした。異国人で、しかも異教徒の膨大な塊を前に、まずはフランスなどドイツ以外の西側諸国が音をあげる。難民・移民たちが引き起こす住民とのトラブル。さらには相次ぐアラブ人がらみのテロ。「パリ同時多発テロ」も二〇一五年一一月のことだった。ついにEUは翌年の二〇一六年にバルカンルートの閉鎖を宣言し、ハンガリーなどがアジアからの難民・移民に対して国境を閉じた。積極的な受け入れ方針から、難民・移民の流入を抑制する大きな方向転換だった。

難民・移民たちはなぜバルカンルート使って、ハンガリー入国にこだわるのか。それはひとえに「シェンゲン協定」を利用するためである。

アジアから欧州を目指す難民・移民たちにとって、地理的にはギリシャが〝玄関口〟なら、先にあるバルカン半島は〝土間〟に当たるだろう。とりあえず家に入って、まだ靴も脱がずに通過する場所でしかない。本当に行きたいのは奥の部屋である。暖炉があるリビングにはご馳走があって、主人も食いに来いと言っている。さあ、靴を脱いで部屋に上がろう。さすれば家の中は自由に歩き回れる約束になっている。

その約束こそが「シェンゲン協定」である。〝一つの共同体〟を標榜するEUにあっては、「シェンゲン協定」を締結した国家間なら出入国審査なしに自由に国境を越えて移動できる。ほとんどのEU加盟国が参加し構成するシェンゲン協定圏で、もっともアジアに近い国がギリシャと、間にバルカン半島を置いたハンガリーだった。難民・移民たちにとって重要なのはハンガリーにいったん足を踏み入れること。それさえ出来れば、陸路で行きたい場所に行くことを誰も止められなくなる。

しかし、EUという家の〝上がりかまち〟で靴を脱ごうとしたら、目の前になかったはずのドアが出現した。一段高くはなっているが、そこはまだ通り抜ける予定の廊下だ。用事はないのに、上がりかまち（＝ハンガリー）に出来たドアがリビング（＝ドイツ）に行くのを阻んだのである。

加えて、欧州での難民の扱いを定めた共通ルールには「ダブリン規制」というものがある。ここでの取り決めでは、最初に難民が到着した国がその難民の管理を行うものとしている。最終的にどの国に到達しても難民は最初に入った国に返還され、手続きを行わなければならないのだ。

しかし、セルビアやマケドニア、クロアチア、ルーマニアなどバルカン半島の国々は「シェンゲン協定」も「ダブリン規制」もEUとは結んでない。バルカン諸国は来た難民のシェンゲン協定圏までの素通りを容認しているので、つまりはバルカンから西ヨーロッパを目指せば、振り出しに戻るような再送還リスクはなくなるということだ。だから彼らはあえてバルカンルートからのEU進入を選んでいるのである。

ハンガリー国境を目前に留め置かれたアジアの民（スボティツァ）

しかしながら、すぐにでも居間でご馳走にありつける話のはずが、思いがけず土間での自炊を強いられ、食べ慣れない粗末な飯に腹を空かせるハメになってしまった。カマドの前で彼らは異口同音に言う。

「国境が開くのをここでこうしてただ待っている毎日だよ。食っているものはもうずっと同じ。だけど食わなきゃ死んじまう、生きてはいけない。教えてくれ、国境は開いたのかい。ハンガリーの国境はいったいいつ開くんだい！」

バルカンルートの先達

国境近くの難民・移民収容施設からスボティツァの町の中心部に戻ると、路上で物乞いをしている母娘の姿があった。浅黒い肌で黒髪、黒い瞳。さっきまで会っていたアジア中東の人たちと見た目には変わらない。白人がかっ歩する町では、やはりちょっと異質で目立つ容姿である。

「トゥー・ジャネス・ロマネ（ロマの言葉は分かりますか）？」

これはいわゆる〝ジプシー〟と呼ばれる人たちが使う言葉「ロマニー語」である。幸いにもかつてヨーロッパ一帯で「ロマ（＝「ジプシー」）」の取材を重ねたことがあったので、少しだけだが使うことができた。母娘がロマの人かもしれないと過去の経験から見立てて尋ねてみたのだが、案の定、ロマニー語を聞いた母親はわたしの言葉に反応し、黙ってうなずいてくれた。

片言ながら会話を続けて分かったのは、彼女たちがセルビアの南にあるコソボ出身のロマで、住んでいた土地を戦禍（おそらくは「コソボ紛争」）によって離れなければならなくなり、長らく一家で各地を転々と暮らしているということだった。容姿もさることながら、故郷を終われ彷徨う境遇も、さっきまで会っていた難民・移民たちと似ていた。

敷石に腰掛けていた娘はビスケットの箱を大事に抱えている。封は切られていて、年端のいかない娘の手と口の周りにはその食べカスがくっ付いていた。横に置かれたズタ袋の中を覗くと、ほかにもいくつかのビスケットの箱と缶詰が入っている。どこかで見たような〝冷たい飯〟だった。

「取り替えました。芋と」

母親は手に入れた缶詰の出どころをそう説明した。どうやら彼女は最近この町にやって来たアジア中東の難民・移民たちと接触をして、彼らに配給された援助物資と、自分が持っていた野菜類を交換したらしい。およそ一〇〇〇年前に西インドの故国を追われたとされるのがロマ民族である。西から東への流浪を続けた彼らも、元来はアジアの地からヨーロッパに入った人々だ。そんなアジア起源の民同士が、時空を超え、この場所でなんとも奇妙な交錯をしていた。

そして、さらに興味深い交錯は、この場に至る道程がどちらもバルカンルートだったということである。はるか昔、アジアの民であるロマたちがヨーロッパへの旅に使った経路もまた、多くはトルコからバルカン半島を経へ、西に向かうルートだった。

バルカン諸国は現在ヨーロッパでもっとも多くのロマの人々が住んでいる場所である。バルカンルートの先達であるロマたちは、このバルカン半島からヨーロッパのどこかに行き、またどこにも行かずバルカン半島に留まり、いまだこうして難民となって漂い続ける人たちもいる。ふと思った。ヨーロッパに散らばった現代のロマたちは、時代を跨いで再び自分たちと同じバルカンルートを通り、交錯する東方からの人々をどのように見て、何を感じているのだろうかと。さらには、欧州を目指すアジア中東の難民・移民の群れを、ヨーロッパ社会がこれからどう受け入れるのか、また受け入れないのか、先達たるロマの姿はそこになにを示唆するのだろうか、とも。

せっかく北上したバルカン半島だけど、少しだけ南に引き返そう。しばしアジア中東からの難民・移民の元を離れて、バルカンルート上に留まり続けているロマたちの町へ向かうことにした。

＊

旧ユーゴスラビアの国の「マケドニア共和国」は二〇一九年に国名が変更されて「北マケドニア共和国」（以下、北マケドニア）になった。もちろん国がある場所は変わらず、バルカン半島の中心部あたりに位置している。南はギリシャ、北はセルビア、東はブルガリア、西はアルバニアとバルカン各国に挟まれ、それぞれと国境を接しているので、どうやったってバルカンルートを通過する上では逃れられない国になっている。

その北マケドニアの首都スコピエ郊外にシュトオリザリという町がある。町の北側はすぐに国境。車で走れば数十分でコソボ、セルビアまで行き着く。そうした地勢上、一九九〇年代の旧ユーゴ崩壊過程で起きた紛争時には、バルカンの他の国々から大量の難民が流れ込んだ。ことさらコソボ戦争においては巨大な難民キャンプが作られ、しかも国境を越えて避難する人々が難民収容所には収まりきらず、市民が住む町中にまで溢れ出していた。そんなバルカンルート上にあって、かつて難民に席巻された町がシュトオリザリだった。ひょっとしたらいままた同じように多くの難民・移民がアジアから押し寄せているかもしれない、なんて想像を巡らせて久方ぶりにこの町を訪ねた。

「シリアとかイラクとかの難民はここに来ないね。あいつら通り過ぎるだけ。みんなドイツに行くんだろ。マケドニアになんの用もないさ」

市場で衣料品を売る男がそう教えてくれた。

彼はロマだった。ここシュトオリザリは、首都郊外にある町といっても三〜五万の人口を有し、その八割以上がロマ民族という、世界最大級のロマ集住都市という特殊な顔を持つ。ロマ特有の長スカートをなびかせる女、馬車を操る男、羊肉ケバブの匂い漂う市場。そうしたどこかアジアンチックな人と街角の風景は相変わらず顕在だったが、今回発生したアジア中東の難民・移民たちとの接点はロマの町シュトオリザリにまるで存在しないようである。

「彼らはただの出稼ぎ労働者なんだろ。働くためにドイツへ住みたい移民なんだろ。そもそも難民なんかじゃないんだよ。昔やって来たヨーロッパの戦争の難民とは違う」

と市場のロマの商売人たちは語り、今回出現した大量の〝難民〟は、かつてこの町にいた〝難民〟たちとまったく異なる人々だと説明する。

繰り返すが、シュトオリザリにはボスニア紛争、コソボ紛争といった旧ユーゴスラビア崩壊過程での「ヨーロッパの戦争」によって、セルビアやコソボなどの隣国住民が難民となって大量に避難、流入して来た。そして、コソボでの激しい戦いが終わった直後の二〇〇〇年、ロマの町シュトオリザリに逃れ来て最後まで残っていたのは、ほとんどがコソボから逃れたロマの人々だった。

彼らは祖先がはるか昔に東方アジアから移動したのかもしれないが、すでになん世代にも渡ってコソボやバルカンの地に住み着いた人々であった。つまり、このロマ難民とは自分の家をバルカンに持つ、バルカンの地の定住者ということだ。ロマの人々はよく「流浪の民」と語られるが、彼らはそのライフスタイルで規定される集団ではなく、あくまでひとつの民族集団。ヨーロッパにおいてはすでに多くが定住をし、移動生活を続けるロマはもはや稀。たとえ西インドを起源とするエスニックマイノリティであっても、いまさら帰る国がアジアにある訳ではないヨーロッパの内側にいる少数民族なのである。他方、いま出現している難民は、遠く離れたアジアのどこかに戻る祖国を持つ、あくまでアジアの民だ。ましてや西欧で稼ぐために昨日今日やって来た移民ならば、「昔やって来たヨーロッパの戦争の難民」とは明らかに違った存在、ということらしい。

二〇〇〇年の当時、シュトオリザリに留まっていた「ヨーロッパの戦争の難民」たちは、町外れに設置された仮設住宅に入り切らず、溢れ出し、中には町中で住民たちと混じり合って暮らし出す者もいた。ロマの難民である彼らは家族単位で空き地に仮住まいのテントやバラック小屋を作り、近所のロマ住民から譲り受けたものらしい小さな簡易調理器具を屋外に置き、火を起こし、飯を食っていた。そうだ、思い出した。あのときも難民たちは料理をするための〝カマド〟を作っていたのだ。

それは持ち運びができる七輪のようなものから、ドラム缶を切って改良した大型のバーベキュー台まであって、ハンガリーの国境目前の田園で目にした、あの地べたに直火を起こすいわば「炉」に近い調理設備とは大違いだった。同じ難民には違いないが、生活基盤

シュトオリザリのロマ難民たち（マケドニア・スコピエ）

を整えてこの場所で生きていこうとする、ある種の決意と覚悟が込められたどっしり落ち着いた〝カマド〟の風景だった。

その頃、そこでひとりの人物に出会った。アブディ・ファイク。彼は旧マケドニアで初めてロマ出身の国会議員となった人物で、何度かいっしょにロマ難民たちの様子を見て回った。もちろん生まれも育ちもシュトオリザリだ。事務所も町内に構えていたので、わたしはいつもそこに出入りしてロマニー語なんかも学ばせてもらっていた。そのファイクが語っていたことがある。

「旅をしなくなったロマは馬車の代わりに家を持った。旅をしなくなったロマは野原で焚き火をしない代わりに家にカマドを作った」

シュトオリザリの町にいると、難民たちと会う以外にもさまざまな定住ロマの人々と接することになる。ファイクを始めとして毎日のように誰かの元を訪ね、そしてそこでは毎日のように「飯を食っていけ」と誘われた。ファイクがことさら「カマド」の話を持ち出したのは、そうした飯を食うというシチュエーションに多々出くわしていたからだろうが、実際どのロマの家も案内された先には、定住の象徴かのような立派なカマドがあった。

「ちょうどいまこのカマドで料理を作ってるから、待ってなさいな」

しっかりと火を囲い、煙突を付けて通気と熱効率を高める工夫をし、さらには煮炊きする鍋も上にうまいこと乗せられる設え。パンなんかも焼けるオーブン窯が付いたものまである。けっして近代的で新しい設備ではなく手作り感満載なのだが、どれも使いやすそうなカマドだった。設置場所は家の中だったり、庭に面した戸外だったりとさまざま。ただ、どこもキッチンは風通しのいい場所にあった。ロマは体の内側に不浄なものが入ることを極端に忌避する、独特の「けがれ」の概念を持つとされる。だから、食べものを扱うカマドはあくまで彼らなりの清浄、清廉な場所に作られているのだろう。水場が近いからと、トイレの横がキッチンという選択はしないものだと聞かされた。

自慢のカマドで作られるのは食材を煮込んだ料理が多かった。鍋に入れるのは野菜や豆や家畜のミンチ肉。しかし、そうした煮込んだ食材は具となって皿の上にはあまり姿は見せない。いつも食べさせてもらっていたのは薄いシチューのような、ほぼスープのような代物ばかりだった。

「ハフ・マロ（パンを食いなさい）」

とロマニー語で言われ、その薄いシチューに浸しながら食う。崩れたジャガイモがささやかなトロミとなっていて、ニンニクの風味たっぷりで食欲をそそるが、強い塩味以外には味に深みも重なりも、穏やかさもなく、鋭角に舌の上と喉を通り過ぎていく。けっこう貧しい食事と言っていいだろう。しかし、貧しいが、「マロ（パン）」はたくさん食える。腹は減っているから、結局は美味い。たまにはなにか白っぽい固形物にぶつかる。こちらは「チュケンベ・チョルバ」と呼ばれる臓物のスープらしく、すくうと牛か豚の腸のよう

な小さなホルモンのかけらがあった。わずかな肉片に嬉しそうな顔をして見せたら、供してくれた家の主人は

「ヒヒーン、ヒヒーン」

と馬のようにいな鳴いて、笑った。

「いちばん美味いのは馬の臓物。食っているそれも馬かもしれないよ」

ロマにとって馬は仕事上重要なパートナーであり、普通は食べることが避けられるものだ。それどころか絶対に食うことはないとロマたちは言うだろう。虚言で人をだまし担ぐのが大好きな人たちだから、また驚かせて楽しんでいるのだろうとも思った。

しかし、禁忌とされる食べものはどんなところにも存在し、同時に、どんなところでも往々にしてそれを食べることが行われている。牛を食うインド人もいれば、豚を食うシリア人もいたし、イヌを食う日本人だっている。ことさら動物の臓物という圧倒的に安く栄養価の高い食材は、多くの土地で肉体労働者などが疲労を癒すために、ちょっと恥ずべきポーズをしながらその実ありがたく食う必需品だった。そして、禁忌食というものは、けっしてそれを食っているなんて周囲には公言しないものなのだが、さて?

ちなみに、バルカン半島は馬も含めてさまざまな肉をよく食う。特に北マケドニアあたりの食模様はトルコなどのアラブ料理からの影響もあって、肉類やチーズなどの乳製品が

ロマの村で豚が一頭さばかれた（ルーマニア・トランシルバニア地方）

とてもよく食べられている。シュトオリザリのロマたちだって肉は大好きだと話し、市場に行けばさすがに馬肉は見当たらないけれど、羊などはいろんな部位が売られていた。ファイクにいたっては、

「スコピエのマクドナルドは世界でいちばん流行っていないマクドナルドだろうね。ビックマックはお子様の食いものさ。わざわざ行って食いたいなんて誰も思わない。ハンバーガーはこうして噛みごたえのあるパンに、いっぱい肉を挟まなきゃいけない」

と豪快に食う当地の肉食文化を自慢するのだが、かといってシュトオリザリのカマドで上等で値が張る肉たちが焼かれる〝ハレの日〟は、そう頻繁にはお目にかかれはしない。一般的な北マケドニア人に比べて失業率が高く、低賃金の低所得者も多く、定住していたって町を離れ出稼ぎに出る割合が高いのがシュトオリザリのロマ住人なのである。カマドの風景には、やはりカマドを使う者たちの境遇や日常が映り込むのだ。

＊

はるかな昔、ロマの祖先がなぜアジアの母国を出て、西への旅を続けたのかは謎のままだ。どうしてヨーロッパに入り込んだのかもよくは分かってない。現在、彼らはヨーロッパ全域に広がって住み、ほぼヨーロッパのどこの国に行っても会うことができる。しかし、

合わせれば一〇〇〇万人を超える人数とされていても、あまりに散らばって住んでいるため、国単位で見ればそれぞれの土地では常に〝少数〟民族にならざるを得ない。

ロマたちは「母国によって保護されていないヨーロッパ唯一の民族」とも評される。圧倒的少数という発言力が弱い立場が所以だろうが、差別を受け、排除され続けるヨーロッパでのロマの立ち位置を知るには、そもそもロマたちを「保護してくれる母国」とは何かについて考える必要があるだろう。

いわゆる「少数民族問題」というものは世界各地に存在する。そして、オーストラリアの「アボリジニ」にしても、北米の「イヌイット」や「ネイティブ・アメリカン」にしても、日本の「アイヌ」にしても、皆それぞれの国、土地での先住民族であって、後から侵入して来た大勢の〝よそ者〟との軋轢が各地の少数民族問題の根本にある。ひるがえってロマ。ヨーロッパでの〝よそ者〟とは彼らロマたちの方だった。マイノリティという点だけをとって、ヨーロッパにおいて先住性を持たないロマを、「母国によって保護される」他の先住少数民族と同列に捉えるのはいささか違和が存在する。

ロマたちはバルカンルートを使ってヨーロッパに入り込み、〝よそ者の少数民族〟という特異な立場ですでに国境が引かれ、国民という多数派が国家に住む土地で生き抜くことになった。だから、その生きるための処世術もまた彼らにしか見られない特異なものだった。ロマたちは行った先々との軋轢を避け、主張をせず争わず、そこにある流儀に身を委ねた。それぞれの土地の宗教を受け入れ、それぞれの土地の言語を使いこなし、それぞれの土地に居場所を作っていった。実際にロマにはキリスト教徒のカソリックも入れば、プロテスタントもいるし、イスラム教徒もいる。シュトオリザリにいたっては宗教の異なるロマが混じって暮らしているほどだ。

食に関しても同様だ。ロマは土地土地の食材や調味料を使って、どこでもその土地風の料理を作って食っていた。コソボでは野鳩を獲って丸焼きにしたり、ルーマニアでは表面を炙っただけの半生の豚の皮を齧ったり、スペインでは野ウサギを煮込んだりと独特の食習慣は各地ごとにありはしたが、散らばって住む彼らに共通する料理は見当たらない。民族固有のソールフード的なものもないように思えた。

もしも食に関することでロマのコミュニティーに通底するもの、こだわりがあるとすれば、彼らは「ガージョ」（ロマニー語でロマ以外の人を指す言葉）が作る料理をあまり食べたがらないことかもしれない。先に紹介したように、ロマは伝統的に独特の「けがれ」の概念を持っている。自分たち以外の人々、つまりはガージョを不浄な存在と考え、ガージョがいる世界との接触を避けたがる。定住をして、自分たち以外の社会との関わりが必定になっていても、ロマが集住する地区などではたびたび、

「ガージョの料理は不味い。口は同じでも、腹の中は違う」

などと言い放ち、こちら（＝ガージョ）が持っていった土産などに目もくれず、手製の飯を振る舞ってくれたりするのである。

生きる便宜上、ロマたちはガージョ社会のさまざまを取り入れる。だとしても、最終的には同化はしない。似た飯を食っても、同じ胃袋にはならない。しっかりしたカマドを作っても、中で焼くものは別だ。複雑な歴史を経験した末に国家も国境も国民もすでに固まっているヨーロッパにおいて、少数派の〝よそ者〟ロマたちがロマとしてのアイデンティティを保つのには、あえてその決められた国家からも国民からも距離を置き、同化せず、〝よそ者〟のまま居続ける方が便利だったのかもしれない。

だからか、ロマはヨーロッパのどこに行っても嫌われ者だ。社会的、制度的な差別もあり、これまでさんざん迫害も受けてきた。しかし逆説的だが、そうして一様に嫌われている〝よそ者〟や〝異物〟としてのすっかりの定着ぶりを見ていると、長い年月をかけてロマはそれぞれの場所で、それぞれがもう揺るぎないヨーロッパの一部になっているとさえ思えたりする。

さて、シュトオリザリの街角では、つい最近ドイツから北マケドニアに戻ったというこの男にロマニー語でこう話しかけられた。

「シュカール・アカテ（ここはすばらしい）。ロマ・ブート（ロマの人たちが大勢いるからね）」

臓物のスープなどを食うロマの母子（トランシルバニア地方）

彼はこの町の出身で、数年間ドイツで仕事をし、家族といっしょにドイツに住んでいたのだと言った。キリスト教徒でドイツ語も堪能。ドイツでの移民生活について水を向けると、彼は西欧社会で体感してきたロマという自身の経験を踏まえつつ、いま目の当たりにしているアジア中東の難民・移民の行く末を話し始めた。ついついカマドに気を取られてしまっていたが、そう言えばこういう話を聞きに、知りに来てたんだよな。

「ヨーロッパの人は難民か移民かに関係なく、結局は異質な存在のわれわれを受け入れません。これだけ長くそばでいっしょに住んでいるのにロマは迫害されています。シリアの難民がイスラム教徒ならなおさらです。数が少ないうちはまだいいんですよ。だけど、多数になって脅威に感じるようになればヨーロッパの人は、ヨーロッパの国はわれわれロマを排除します」

ドイツ帰りのロマはそう力説した。ばらばらだった難民や移民が〝得体の知れない異邦人の群れ〟〝イスラムの塊〟となってヨーロッパの人たちに見え認識されたとき、きっと〝一つの欧州〟は別の顔を彼らに向け始めるはずだと。それはなによりかつてロマがそうされたから、いまもそうであるように。さすがバルカンルートの先達だ、なかなか含蓄あることを言う。

弦書房

出版案内

2024年 春

『小さきものの近代 2 』より
絵・中村賢次

弦書房

〒810-0041　福岡市中央区大名2-2-43-301
電話　092(726)9885　FAX　09

URL　http://genshobo.com/　E-ma

◆表示価格はすべて税別です
◆送料無料（ただし、1000円未満の場
◆図書目録請求呈

円後

新刊

渡辺京二×武田修志博幸 往復書簡集

名著『逝きし世の面影』を刊行した頃（68歳）から二〇二二年12月に逝去される直前（92歳）までの書簡220通を収録。その素顔と多様な作品世界が伝わる。 2200円

風船ことはじめ

松尾龍之介

一八〇四年、長崎で揚がった日本初の熱気球＝風船が、なぜ秋田の山中に伝わっているのか。伝えたのは、平賀源内か、オランダ通詞・馬場為八郎か。 2200円

新聞からみた1918《大正期再考》

長野浩典 一九一八年は「歴史的な一大転機」の年。第一次世界大戦、米騒動、シベリア出兵、スペインかぜ。同時代の人々は、この時代をどう生きたのか。 2200円

近現代史

◆熊本日日新聞連載「小さきものの近代」

小さきものの近代 1

渡辺京二最期の本格長編 維新革命以後、鮮やかに浮かびあがる名もなき人々の壮大な物語。 3000円

小さきものの近代 2

国家や権力と関係なく〈自分〉を実現しようと考え

話題の本

生きた言語とは何か

大嶋仁 言語には「死んだ言語」と
言語が私たちの現実感覚から大き
き、私たちの思考は麻痺する。

生き直す 免田栄

高峰武 獄中34年、再審無罪
直した稀有な95年の生涯をた
に求めたものは何か。冤罪事件

◆第44回熊日出版文化賞ジャー

◆橋川文三 没後41年

三島由紀夫と橋

宮嶋繁明 二人の思想と文
性をあぶり出す力作評論。

橋川文三 日本

宮嶋繁明 『日本浪曼派批判
九六〇年）の前半生。

橋川文三 野戦

宮嶋繁明 『日本浪曼派批判
から晩年まで。

(726)9886
ail books@genshobo.com

合は送料 250円を申し受けます)

◆渡辺京二の本

党」で絶筆・未完。　3000円

【新装版】黒船前夜　ロシア・アイヌ・日本の三国志

◆甦る18世紀のロシアと日本　ペリー来航以前、ロシアはどのようにして日本の北辺を騒がせるようになったのか。　2200円

肩書のない人生　渡辺京二発言集2

昭和5年生れの独学者の視角は限りなく広い。一九七〇年10月～12月の日記も初収録。渡辺史学の源を初めて開示。　2000円

◆石牟礼道子の本◆

石牟礼道子全歌集　海と空のあいだに

解説・前山光則　一九四三～二〇一五年に詠まれた未発表短歌を含む六七〇余首を集成。　2600円

石牟礼道子〈句・画〉集　色のない虹

解説・岩岡中正　未発表を含む52句。句作とほぼ同じときに描いた15点の絵（水彩画と鉛筆画）も収録。　1900円

【新装版】ヤポネシアの海辺から

対談　島尾ミホ・石牟礼道子　南島の豊かな世界を海辺育ちのふたりが静かに深く語り合う。　2000円

◆水俣病公式確認68年

日本における　メチル水銀中毒事件研究2020

水俣病研究会　4つのテーマで最前線を報告。これまでとはまったく違った日本の〈水俣病〉の姿が見えてくる。　2000円

死民と日常　私の水俣病闘争

渡辺京二　著者初の水俣病闘争論集。市民運動とは一線を画した〈闘争〉の本質を語る注目の一冊。　2300円

8のテーマで読む水俣病　【2刷】

高峰武　水俣病と向き合って生きている人たちの声に学ぶ、これから知りたい人のための入門書。学びの手がかりを「8のテーマ」で語る。　2000円

◎FUKUOKA *U* ブックレット◎

⑨かくれキリシタンとは何か　オラショを巡る旅

中園成生　四〇〇年間変わらなかった、現在も続く信仰の真の姿。　【3刷】680円

㉑日本の映画作家と中国　小津・溝口・黒澤から宮崎駿・北野武・岩井俊二・是枝裕和まで

劉文兵　日本映画は中国でどのように愛されたか。　900円

㉒中国はどこへ向かうのか　国際関係から読み解く

毛里和子・編著　不可解な中国と、日本はどう対峙していくのか。　800円

㉓アジア経済はどこに向かうか　コロナ危機と米中対立の中で

末廣昭・伊藤亜聖　コロナ禍によりどのような影響を受けたのか。　800円

間違いなく業を煮やしたのであろう。二〇一六年の一〇月に入って、セルビアの首都ベオグラードで三〇〇人を越える難民・移民が収容所を飛び出し、二〇〇キロメートル先にあるハンガリー国境へと歩き始めた。

「おれたちは人間だ。家畜じゃない。水も食料もいらないから、国境を開けろ」

ことさらに強い口調のシリア人の声を地元テレビ局のニュース番組は拾い上げていた。掲げたプラカードも激しい文字が並ぶ。報道によれば、それは待遇に抗議する難民たちの「デモ行進」ということだった。

「途中までいっしょに歩いたけれど、もうあきらめた。ハンガリーの国境が開かないことが分かったんでね」

センセーショナルなニュース報道とは異なり、「デモ行進」から戻った男が冷めた口調で話す。再び彼は各国の難民・移民仲間とともに、ベオグラード中央駅前の公園で一日じゅう過ごしていた。そこはいつしか中東難民の溜まり場と化し、いつも数十人が飲食や洗濯、情報交換、野宿する場所になっていた。カマドはなかったが、町の中心部に忽然と出現する難民キャンプだった。

難民・移民たちがたまらず動き出した理由は迫り来る冬だった。バルカンの内陸部は急激に朝晩の冷え込みが増していた。半年以上も停滞した〝留置場〟の生活は、もはや我慢の限界だった。

「ここで冬は越したくない。とにかく先に進みたいんだ」

寒さに震える彼らの行進はベオグラードをスタートして、丸四日をかけても三〇キロ先のインジェラまでしか達しなかった。歩く人数もだいぶ減っていた。目指すハンガリー国境はまだまだ遠い。そして、もし国境にたどり着いたとしても、そこには彼らを追い払うために獰猛な犬がひかえ、同じように留め置かれた人々が腹を空かせているばかり。

ベオグラードの難民・移民たちが国境に向かう決意をしたのは、この直前に行われたハンガリーでの国民投票によるところも大きかった。EU加盟国に義務付けられている難民受け入れの割当の是非を問う国民投票だったが、結果次第では難民拒絶のハンガリー政府の方針に変化があるのではないか、国境が開くのではないか、そんな期待を難民たちは抱いていた。

結局は成立要件の投票率五〇％を下回ってしまい（約四三％）、国民投票自体が無効となる。ただし、難民の受け入れ「反対」が有効投票の九八％と圧倒的多数を占め、「賛成」を大きく上回った。ハンガリーの首相オルバンはこれを受け入れ反対派の勝利だと宣言し、いっそう強くEUに難民抑制に向けた政策変更を求めた。難民・移民たちの淡い期待とは裏腹に、ハンガリーの国境はさらに固く閉ざされることとなる。

ベオグラードの駅前公園は相も変わらず、中東アジアの男たちにすっかり占拠されたままになってしまっていた。

そんな冬のある日、巡回する警官が見つめるかたわらで、買い物袋を手にさげたセルビア人の老女が公園に居続ける色黒の異邦人たちに何やら話しかけていた。きっとそこはかつての彼女の憩いの場だったのだろう。男たちに苦情を言い詰め寄っている様子なのだが、互いに言葉も通じずなかなか噛み合ない。タイミングを図ったように、ちょっと離れた一角でメッカの方角に頭を垂れ、コーランを呟きながらの「お祈り」が始まった。老女は眉をひそめた。目線を下に落とし、もはやあきらめたように大きなため息を吐いて、足早に男たちの前から歩き去った。

＊

多くの難民・移民が越すに越せないでいるハンガリー国境の向こう側、つまり東ヨーロッパ諸都市はどうなっているのか。すまないが日本のパスポートを持っていると、ポンと行ってしまえる。

そこにも公園はある。中には公園や路上の片隅を〝占拠〟する人間の風景にも出くわ

バルカンに滞留するアジアからの難民（セルビア・ベオグラード）

す。ミュージシャンやダンサー、パントマイマーなど、ずいぶんとたくさんの「パフォーマー」と呼ばれる人たちが、仕事として貴重な日銭をそこで稼いでいた。音楽の都オーストリアのウィーンはもちろん、ハンガリーのブタペストも、チェコのプラハも例外ではなく、そして、少なからずロマたちがその主要なプレーヤーとして存在していた。これもまた東ヨーロッパの常である。

ルーマニアの首都ブカレストの街角で見かけたのは、アコーディオンを奏でるふたりのロマの兄妹だった。

古く煤けた石の建物の前に、楽器を入れるケースを広げ置いていた。すぐ横で兄が細くて黒い枯れ枝のような指で演奏をし、妹が隣で枯れ葉の塊のように座り込んでいる。メインストリートから脇に逸れた狭い街路だった。歩いていたら、街の追い詰められた壁際からジワリジワリ流れ出る、なんとも物悲しいアコーディオンの調べが耳に入り、ついつい目が足が向いた。人通りは少なかったけれど、口が開いた楽器ケースの中を覗くと、それなりにたくさんの投げ銭コインが入っている。

「ツィガーニ（ルーマニアでのロマの呼称、他称）は演奏がスゲ～うまいから、こうしてたくさん稼げるんだよ。この才能を使ってお客からお金をもらって、ボクたちは生きるためのパンと水を買わなきゃならないのさ」

と、アコーディオン弾きのロマ少年は投げ銭の量に驚いているをわたしに向かって、おそらく外国人観光客のリクエストに応えるために覚えたたどたどしい英語を操って話す。

どうしてか分からないが、ロマたちのけっして少なくない人たちに、音楽や踊りへの卓越した特別な才が備わる。各国でバラバラに存在し、宗教も言葉も食うものも異なり、協力してまとまることもあまりしたがらない彼らだが、どうやらその才能はあらかた万国で共通している。世界の人々から高く広く評価もされている。トルコのベリーダンスも、ハンガリーの舞曲も、スペインのフラメンコも、その土地に達したロマたちが、現地の歌舞音曲に独自のアレンジを加えて完成させたものだ。彼らの才能がなければとっくにこの世から途絶えていた芸能の世界でもある。

少年が演奏するアコーディオンは聞き慣れない曲だった。ただ、耳障りのいい旋律。哀惜するがごとく、媚びるがごとく、ときに威嚇するがごとく、道行く人々の足を一瞬だけ止めさせ、心に強く音が差し込んでいく。

そんな兄の「才能」で買い求めたのだろう、顔と同じぐらい巨大でぶ厚い菓子を妹は手に持って齧っていた。甘そうな白いクリームが間に挟まったスポンジ生地の菓子のようなパンのような、やっぱり菓子のような代物。「パンがなければケーキをお食べ」とマリーアントワネットは言ったそうだが、このゴツくてボソボソしてずしり重そうな菓子パンならば、これだけで十分に腹だけは満たされそうだ。

夕暮れ近くであたりは薄暗くなり始めていた。妙齢の女性がひとり路上で聴いていて、やがて演奏の合間にアコーディオン弾きの少年に近付いて行った。近付きつつ横で無表情に菓子パンを頬張る妹の、そのヨレヨレで醤油色した垢まみれの防寒具姿を一瞥し、ちょっとだけ眉間にシワを寄せる。彼女の表情はベオグラードの広場を占拠するアジア人へ文句を言っていた老女に似ていた。排除したい異物を見つめる、嫌悪や蔑視が混じったあの視線を思い出す。しかしながら、妙齢の女性は苦情を言うのではなく、小さく拍手をしながら、ただそっとコインを一枚、楽器の箱の中に置いて帰った。

それは少年の才能への対価なのか、それとも路上の兄妹への哀れみゆえの施しなのか。どちらにしても、ふたりはまた食べる糧を得る。

ロマの生きざまの断片はここにも浮かび上がる。ロマたちは「家畜じゃない。水も食料もいらない」などと抗議デモなどせず、異物であることを厭わず〝よそ者〟であり続け、与えられし天賦の才でパンを買う。

「おっちゃん、もういいかい。なら、ポケットを膨らませているそのお金をここに入れとくれよ。晩飯を食いに帰るからさぁ」

とロマのアコーディオン弾き少年は言った。妹の菓子パンはとっくに半分ぐらい齧られていて、兄は妹の食いものを持っていない方の手を引いて、ふたりだけで暗い街の中に消えていった。

そのロマの女がパンを買うために売っていた才能とは、踊ることだった。彼女はブカレストの高級クラブのステージでたまに踊り、ちょっとした金をたまにもらう、彼女が言うところの「ちゃんとしたプロのダンサー」だった。

＊

夜ごとのステージがある酒場は繁華街からは少々外れていて、やたらに街路樹が多いからか、何となく森の中に迷い込んだ感じがした。だが、たまにある街灯が石畳の道を照らすと鈍く美しく光を反射し、途端に歴史ある街の深い趣を漂わせる。通りに面した建物もだいぶ古く重々しい石造りのもので、近寄ると壁のところどころに黒い穴が開いているのが見えた。首都の街中で銃撃戦が起き、独裁者を街角で銃殺したこの国の「革命」はもう三〇数年前の出来事だ。その当時、ルーマニアの独裁者チャウシェスクは腐敗し傾いた国の債務返済のために、国民が作り食べている農産物を外国への輸出に回し始めて人々から不評を買っていた。「飢餓輸出」と呼ばれる愚策。貧困と飢えに喘ぐ人民はパンを求め、ついに自分たちだけご馳走を食っているチャウシェスクの住まい「国民の館」へ押し寄せ、とめどなく流れる独裁者の血も要求したのである。

もはや古い石壁にとっちゃ、流れ弾の痕跡など擦り傷のカサブタ程度のものだろう。そ

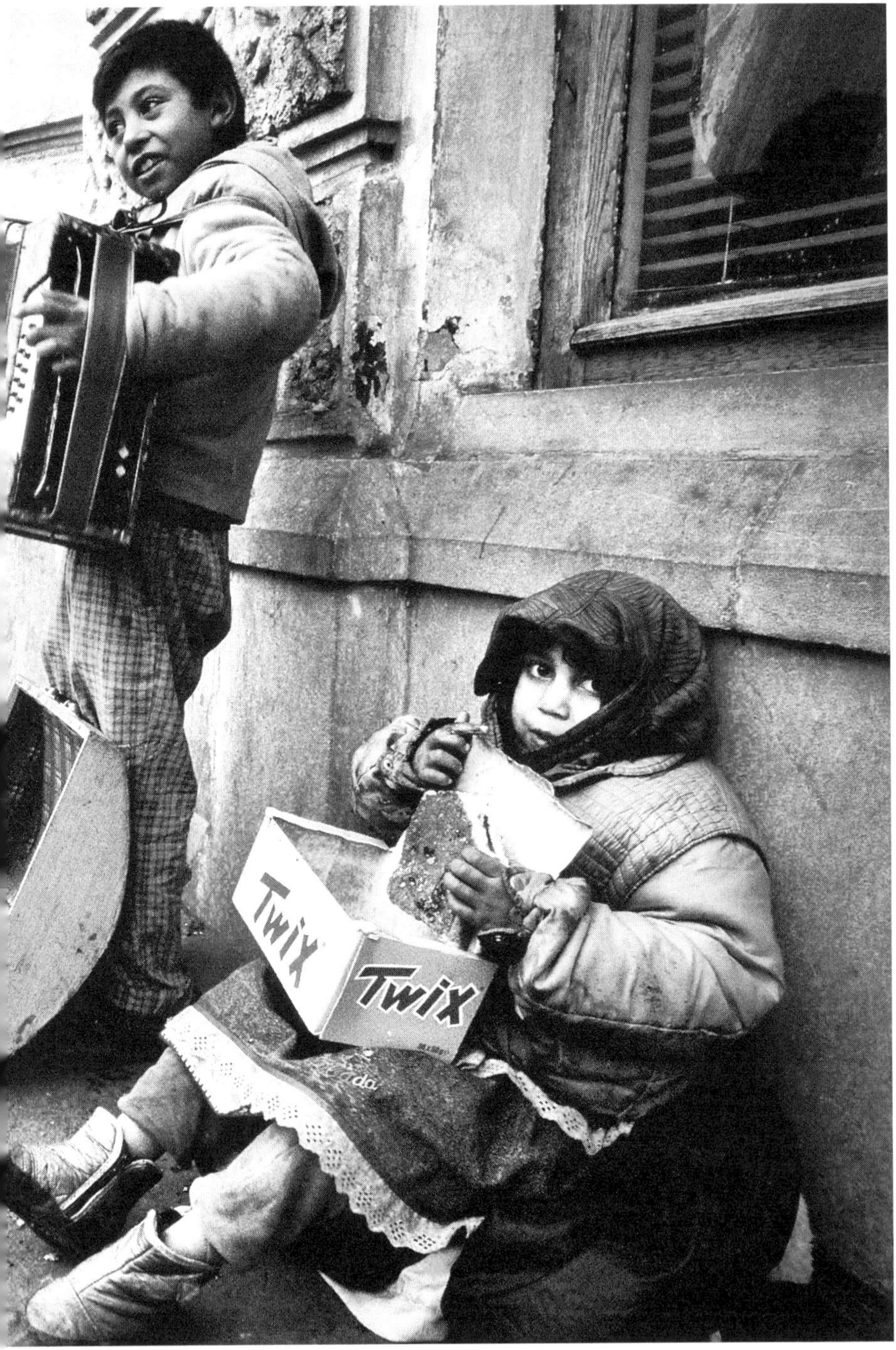
Twix
Twix

街角の演奏で稼ぐロマの兄妹（ルーマニア・ブカレスト）

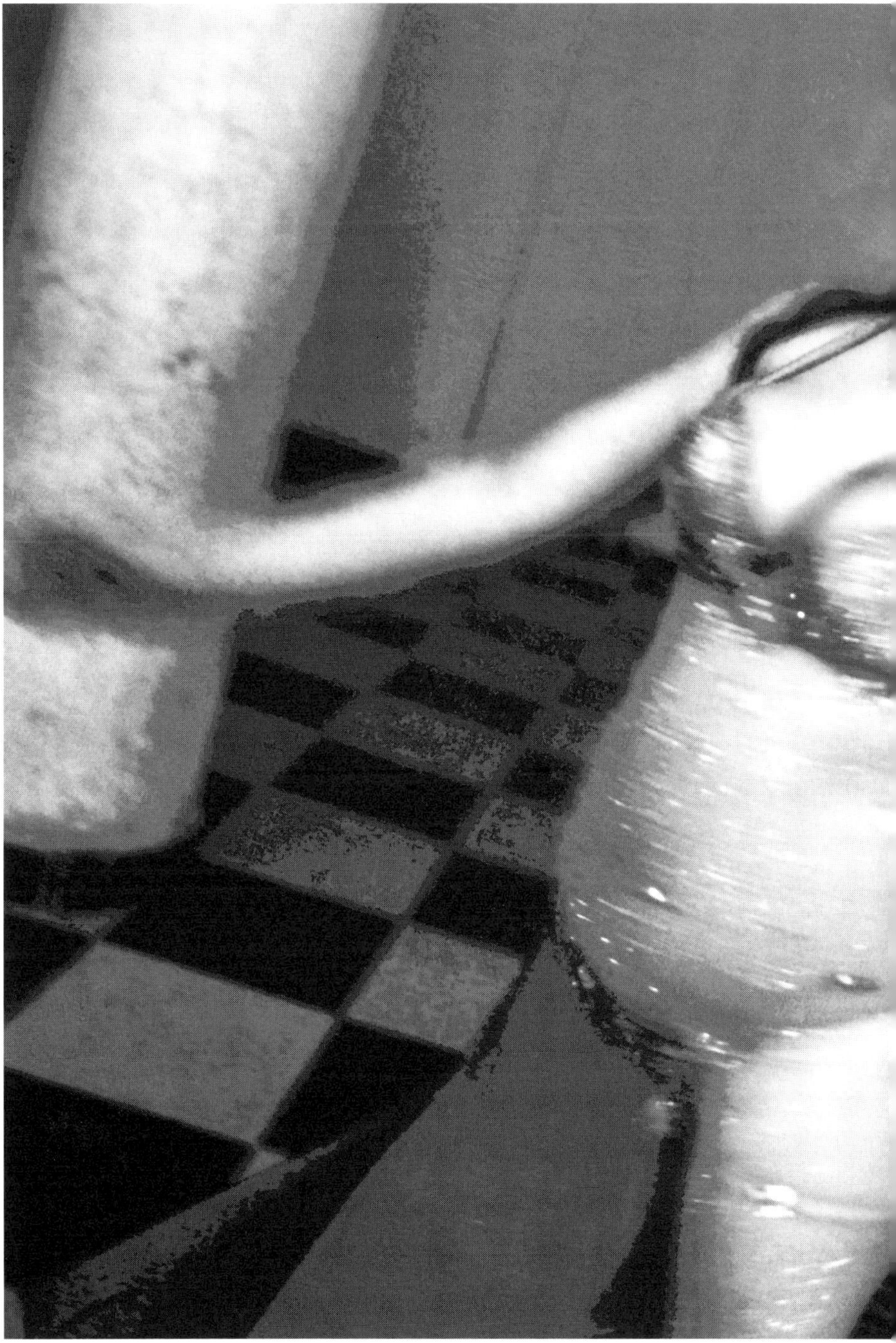

ロマのダンサー（ブカレスト）

んな飢えた街の記憶などすっかり消え失せた煌びやかな店で、女はまるで飢えた獣のように踊っていた。野生的で、挑発的で、魅惑的で、くねり、弾み、最後はステージの上に倒れ込んで、どんな客からも盛大な喝采を受けていた。何人かいる踊り子の中ではまるで異質の空気を醸し出し、断トツに圧巻、誰も真似できない無二の才能。彼女はどんなパンだって買えるだろうと思った。

「ナ・ハフ、ピヤ・パニー（食べないわ、水を飲ませてよ）」

とステージを降りた彼女はロマニー語で言ってきた。

「ロボ・ティクニー、ロム（ロマはギャラが低いの）」

しかして女は、春も売っていた。店がまだ終わらないうちに、店の客であったり、店の紹介で会いに来た男であったり、彼女はときどき誰かといっしょに外に出て行く。踊ってもらう金より、はるかに多くのパンを買う金が手に入るとのことだった。

女にはいつも仕事場へ車で送ってくれる男がいた。彼女の情夫なのか、愛人なのか、ヒモなのか、とにかくそんなあたりの素性のはっきりしない、頼りない風体の男がいつもそばにいた。男もまたロマで、住む家はなく、女の部屋に転がり込んでいる。しかし、唯一の財産といえる車を一台、持っていた。用命されればあっちへ人を運び、こっちへ人を案内する便利屋稼業。わたしも何度か用命したひとりだった。女だってかつては同じように彼の車で運ばれるひとりに過ぎなかったらしいが、いつしか〝そんなあたり〟の関係になっていたらしい。

男は、女が持っているパンを買う才能とは別の、よりパン代が稼げる手立てを知っていた。知っているけど、知らない振りをしていた。女も男がそれを知っているはずと思いつつ、知られていない振りをしている。証拠と言えるかどうか分からないけれど、男はほかの女の春をわたしに売り込んでも、彼女の春はけっして勧めない。女も男の前では自分の春を売りつけなかった。


あるとき、男が部屋に戻ると女は「ママリンガ」を食っていた。ママリンガとはトウモロコシの粉をお湯を加えながら練り上げる、ルーマニアではパンに並ぶ主食格の食べもの。食感はマッシュポテトのようにモッチリしていて、ただ、黄色い。けっこう目を見張るほど陽気に黄色い。暗くて冷え込んでいた女の部屋の食卓は、山盛りのママリンガのおかげでそこだけちょっと華やぎ、頬張っている女自身も明るく楽しげな姿に映った。

トウモロコシの粉を捏ねた料理は東欧や南欧ではよく食べられいている。ママリンガはハンガリーの「プリスカ」、イタリアの「ポレンタ」とほぼ同じものだ。ラテンアメリカ原産のトウモロコシは新大陸を侵略したスペインがヨーロッパに持ち帰り、地中海地方からバルカンへと栽培が広がった食材である。ここでは新参の穀物。小麦より安く栄養価も高いことから「貧者の小麦」とも呼ばれ、イタリアやドイツなどでは「トルコの小麦」との別名もあるそう。それまで見かけなかった新しい異端の食材は、なぜかヨーロッパにとっての辺境トルコからやって来たと考えられた。

ああこれ、ロマを「ジプシー」と呼ぶのといっしょだ。中世のヨーロッパに姿を見せ始めた新参者の異端・ロマたちは、ヨーロッパの人々から辺境の地エジプトからやって来た異邦人と考えられていた。だから、英語圏では「エジプシャン（エジプト人）」＝「ジプシー」。東欧での「ツィガーニ」も、フランスでの「ジタン」も、スペインでの「ヒターノ」も同様で、差別的な呼称とされる以前に、ロマの出自を誤解したガージョが勝手に付けた名に過ぎない。

いかん、話が外れてしまった。目の前にあるのはママリンガだ。

女はママリンガの横に「チョルバ（スープ）」を置いていた。深皿に入ったインゲン豆のチョルバ。ひたすらシンプルに少しの豆だけが沈んだ、目が映り込むような薄い汁をすくって、これまた何の変哲もないママリンガと合わせ食べる。そんな特別じゃないものの組み合わせに、女は一つだけ特別を加えた。

「豚の脂！」

大きな白い消しゴムのような塊がチャポンと熱々のチョルバに入ると、脂が溶け出し表面にギラギラした輪を作り、ゆらゆら広がっていった。塩漬けにした豚の背脂である。ラードである。こいつが弱々しい豆のスープにコクを、うま味を、エネルギーをもたらしてくれて、シツコイ、アブラッコイ、ナマグサイなどという浅はかを反省せざる味へと変化させてしまった。

やがて女は、溶けて少し小さくなったラードの塊を皿の中から取り出し、ビニール袋に入れ、窓際に放り出す。

「また固まるわ。魔法ね」

ラードという魔味を加えたチョルバはほどなく女に平らげられ、その間、男は部屋の隅で不機嫌そうな顔で座っていた。男はママリンガが嫌いだった。オレの食うものはどこだなどと不満も言い出した。またかという目をして、女は男を無視するように食卓を片付けて、着替えをし始めた。ついでにわたしも無視しているようで、堂々とお構いなしに下着姿になって服を替えている。ブカレストには大きな黄色い「M」の文字を掲げるハンバーガーショップがいくつも出店し始めていて、男はそれが食いたいと何度も女に言った。何度も言って、女に無視され続けた。そして、ついには男が口汚く、

「売女め、人はパンのために生きるのではない」

と訳の分からないことを言う。言ってしまった。言葉がラードのように溶けて、ギラギラと広がる。男は気まずそうにしたが、すでに遅かった。女は気が弱いが、愚かではない。男を蹴り付け、ドアの外に叩き出し、男よりはっきり大きな声で言う。

「人はパンのために生きるのではない。ママリンガのために生きるのよ」

パンを食うロマの少女（マケドニア）

Ⅳ

モンスーンの輪環

《インド・バングラデシュ・ベトナム》

煮炊きするロヒンギャ難民（バングラデシュ）

車に乗ってインドのニューデリーからアグラへ向かう道すがら、急に腹の具合が悪くなり、たいそうな便意に襲われた。まさに〝急襲〟という表現がピッタリ。強烈に攻め込んでくる奴の不意打ちに括約筋を精いっぱい稼働させて食い止め、歯を食いしばり、ただただ脂汗を流すのみになっていた。

ドライバーくんには少し前に「糞がしたい」と伝えていた。だが、彼は気を使って綺麗なトイレ完備のドライブインを探しているのか、はたまたこの切実さが伝わっていないのか、いっこうに停車してくれる気配がない。

もはや状況は「野糞やむなし」である。ちょうど都市部を抜けて、進む道路の両側は人家もまばらな農村地帯になり始めていた。草の茂みでも林でも、ちょっとだけ体を隠せる場所さえあればどこでもいい。でも、そう訴えて停車を求めた途端、いきなりあたりはとても見晴らしのいい水田ばかりの風景になってしまった。ことの重大さにようやく焦るドライバーくん。

「あそこで構わないですか、いい木が一本あります!」

人間の背丈ほどと高さはあまりないけれど、地面近くにまで盛大に葉と枝を広げた木がゆく手に生えていた。急停車した道路の脇、田んぼへと少し降りた畦道。道とは反対側の木陰に急いでもぐり込むと、なんとまあ、目の前の地べたにはもうすでに先客が遺していった茶色いこんもりが五つ、六つあった。まだそれほど時間が経ってなさそうな、ほのかに匂い立つものまである。どうやらこの木陰は多くの人々に選ばれし、その行為の適所ということらしい。

そうだそうだ、インドは知る人ぞ知る「野外排泄大国」だった。インドの国勢調査によれば、家屋の中にトイレがない、持たない世帯の割合は五〇パーセントを超え、一四億の人口のうち六億人近くがいつも野外で用を足しているという。ならばインド人にとってのこうした〝適所〟は、国内のいたるところに存在するはずだ。彼らがその気になりさえすれば野糞を垂れる場所などたやすく見つけられたに違いない。このドライバーくんにだってその見識や能力は当然あるだろう。だったら早くどっかで停まってくれよ！

とにもかくにも風雲は急を告げている。足を置く場所など選んでいる余裕はない。すぐに脱ぐ。しゃがむ。間一髪、間に合った。

しかしながら、ホッと息をついた矢先、今度は嫌でも先客の遺物がグンと近付き目の中に飛び込んでくる。ただ、いささか閉口する一方、これらの遺物、落ち着いて見るとどれもこれもがたいそうな山盛りで、しかもしっかりトグロなんか巻いていたりするもんだからなんだかとっても感心する心持ちになってしてしまった。どんな飯を喰らえばこんなに旺盛で見事なウンコが出せるのだろうか。それに比べてだらしなく大地に流れ広がった、いまわたしの放ったユルユル薄茶色の情けなさときたら……。

急な腹下しの原因を尻を仕舞いながら考えてみた。思い当たるのは、インド入国後に最初に食べたもの、つまり今朝の食事だ。しかし、宿で出された「パラタ」は焼き立てで、とても美味かった。パラタとは小麦全粒粉の生地をなん層にも折りたたんでから平たく伸ばし、タンドール（壺窯）で焼いたパンである。パイのようなサクサクした食感があって、フランスの名品クロワッサンにも似ている。さらに今朝のものは生地に潰したジャガイモを包んんで作る〝おかずパン〟風の「アルパラタ」だった。そして、そこはさすが香辛料大国インドならではの素晴らしさだ。豊かなスパイスの香りがジャガイモに忍ばせてあったりするのである。大好きなインド飯のひとつなので今日もついつい多く手を出してしまったけれど、けっして腹を壊すような大食いなどしてはいない、はず。

では、パラタの生地を捏ねるときにかならず入れ込む、溶かしバター「ギー」がヤバい代物だったのか。いやいや、熱の通し方や使う量からしてギーに罪はないだろう。香辛料やジャガイモも同様に疑いはなさそう。

ならば水か。テーブルの水差しからゴクゴク飲んでしまったあの水なのか。とかく訪印者に評判が悪く、決まり文句のように「生水は飲んではいけない」と厳しく注意される、やっぱりインドの水が腹を壊した原因なのか？

野外で用を足す日常（インド）

“聖なるドブ川”を飲む

ムガル帝国の都として三〇〇年間栄え、世界遺産のタージマハルがそびえる古都アグラ。インド最大の大河ガンジス川の、最大の支流であるヤムナ川が市街地を蛇行しながら縦断し、その岸辺にヒショーは住んでいる。ちょうど対岸にはタージマハル。霊廟の荘厳な姿とは対照的に、彼と彼の家族が暮らす家はごちゃごちゃした人の生活感にあふれる下町の路地裏にあった。

ヒショーの生業は、宿泊施設などから請け負うシーツやカーテンといった大きな布類のクリーニング業である。仕事場は家から歩いて一分とかからないヤムナ川の岸辺で、毎日大量の洗濯物を持ち込んでは川の水を使ってすべて手作業で洗っていく。タワシに洗濯板、さらに各種の洗剤。大きなシーツを何枚も川の中で洗い、川の水ですすぎ、落としたすべての汚れを川へと流す。ヒショーだけではない。ここでは夜明けすぐから「ドービー」と呼ばれる洗濯屋たちが同じように仕事をし、日々大量の汚れと洗剤の泡を、ついでに自分たちの汗も排尿も排便も、濁った真っ黒い水と混ぜこぜにして丸ごとヤムナ川へと押し出していた。

早朝からの川仕事に続き、炎天下の広場での洗濯物干しを終えると、ヒショーは昼飯を食いに家へ戻ってきた。奥さんがまず冷えた水の入った器を手渡す。夏は気温が軽く四〇度を超えてしまうアグラなので、水分の補給はなにより生きるために欠かせない行為である。居間のベッドに腰掛けたまま、ヒショーは命をつなぐように渇いた体にゆっくり水をしみ込ませていった。

「もう一杯おくれ」

彼はおかわりを所望する。奥さんは近くにあった水道の蛇口前を素通りし、奥の台所から別の水を運んできた。

「水道の水が飲めたらいいんだけど、これはそこから出る水じゃありません。真っ黒なあのヤムナの色を見ちまったら、川からの水なんてとうてい飲む気にはならない。すぐに腹を下すに決まってますよ」

とヒショーと奥さんは苦笑交じりに話した。

アグラ市内の水道水は、ふたりが腹を下すと断ずる「あのヤムナ」の川の水を水源に使っているのだそうだ。たしかにヤムナ川を流れる水はすべてがコーヒー色に濁り黒ずんでいた。橋の上から覗いてもまるで魚影はなく、浅瀬であっても水底は見えない。岸辺にはたくさんのゴミや排泄物が浮かび散乱し、そこかしこから、いや、川全体から異臭が漂っているように感じる。細い側溝のドブ川などではない。川幅も広く、多くの水量をたたえる大河が、絶えず汚水を抱えながら都市のど真ん中を流れているのである。その黒く濁った川の流れ、水の色こそが、汚染された「危険な水」の何よりの証だとヒショーたちは主張した。

この一家は、たとえ沸かし直しても「あのヤムナ」から引かれる水道の水は飲みたがらなかった。その代わりに、台所から運ばれてヒショーが飲んでいたのは、わざわざ金を払って買い求めたボトルウォーターだという。二〇リットル入りのボトルが一本一〇ルピー(約一七円)ほどする。飲食に使うのはもっぱらこっちで、ヒショーが言うところの「安全な水」のこの水ボトルを家族六人が一か月で約三〇本消費する。

「うちのだんなの少ない稼ぎじゃ、水のボトルを買うのもたいへんな出費なんです。まったく困ったもんですよ」

と、必需品とはいえ、強いられる経済的負担に奥さんが夫を横目につぶやいた。

なんとも矛盾した風景である。ドービーたちにとってヤムナ川とは仕事場であり、生活の糧を生み出す場だ。食いものも水も、暮らしに使うあらゆるものを川の水を使って稼いだ金で買っている。だが、自分たちの生活を支えるがゆえに川は汚染されていく。そして、住民みずからがより飲めなくしてしまった水のために、ここでは新たな水を確保しなければならない。なんたる不条理、なんたる理不尽。

言っておくが、これだけ深刻なヤムナ川の汚染はなにもヒショーたちドービーだけの仕業じゃない。なによりアグラより川の上流部にあたる首都ニューデリーの存在が大きい。

人口増加が著しい約二九〇〇万人の超巨大都市圏が出す生活ゴミ、排泄物、未処理の下水、さらにはニューデリー郊外にあるハリヤナ州工業団地などからの産業廃棄物に工場排水も、ヤムナ川の汚染には拍車をかけていた。もはや天然の浄化能力を超えた圧倒的な人間の廃棄物が、日々ヤムナ川には垂れ流されているのである。

アグラはニューデリーからは二〇〇キロメートルほど離れた場所に位置する。首都と流域諸都市の排出物を一手に引き受けたヤムナ川は、下流のアグラにたどり着くころにはよりいっそう、手の施しようもないほど水質汚染が進む。専門家が行なった調査によると、ヤムナ川から取られた水はたとえ浄水施設を通って供給される水道水であっても、大腸菌レベルなどの水質データはおよそ飲み水に適する数値ではなかったという。この劣悪な水質浄化のために州の水道当局は大量の塩素を使用せねばならず、そうなると今度は発がん性物質トリハロメタンを始めとするさまざまな危険物質生成の可能性も指摘されるといった、もうまったくの悪循環である。

また、川の水質悪化にはインドならではの事情もあるようだ。ヤムナ川に限らず、インドの大河の岸辺にはヒンドゥー教徒の沐浴場や火葬場が数多く置かれている。この国の人々の間では、川で沐浴をし、遺体や遺灰を川に流すことで背負った罪も洗い流されるとの信仰が根強い。数々のヒンドゥー教の聖地を通り流れるガンジス川と同様、ヤムナ川もインド神話の女神が宿る信仰対象の川である。さまざまな宗教活動の結末も当然ヤムナ川

ヤムナ川で大量の洗濯をする「ドービー」たち（インド・アグラ）

へと帰されていく。そこはまさに〝聖なるドブ川〟と化す。

一四億二八六〇万人。中国を抜き、インドが人口「世界最多」になったらしいが（二〇二三年）、人口過密地帯を通るインド国内の河川は、水質汚染がとっくに「世界最悪」レベルになっていたという訳だ。中でもヤムナ川はすでに随分と前から〝世界でもっとも汚れた川〟の一つとして、国内外で知られた存在である。とかく外国人から「水が悪いから気をつけなさい」と忠言されるインドにあって、ヤムナ川の水を主水源に配られるアグラは、インド人をして「この国で最悪の水環境」と言わしめる土地らしい。

「一日じゅうヤムナ川にいるおれはよーく知っている。とにかく危ない水。飲めばすぐ病気になっちまうよ」

ヒショーも奥さんも何度もそう繰り返し言うもんだから、試しに水道水をもらってちょっと舐めてみた。うすい黄濁色に染まり、少なくない泥臭さを放つ液体。口に含んだだけなのに、ヒリヒリといやな苦みを感じた。

＊

アグラの中心部からヤムナ川を越えた先に、庶民などが住むトランスヤムナ地区が広がっている。ここでは毎日、朝になると決まって繰り広げられる風景がある。水が入った重いバケツを持って路地を行き交う人々、街角に列をなし水を汲む老若男女、次々と道端に並べられる大小の水瓶、大小のたらい、大小ポリタンク。どれも必死に水を確保しようとするアグラ市民の様子だ。

アグラでは、水道管に水が流れる時間は一日わずか二〜三時間ほどしかなかった。その水道への配水は早朝の一瞬だけ。午前八時を過ぎるとトランスヤムナ地区ではほぼ水の供給は止まってしまう。飲み水に使用しなくともトイレや洗濯などの生活用水は必要となる。全部を購買するボトルウォーターでまかなうわけにはいかないので、トランスヤムナの住民は一日に必要な水を得ようと、早朝、街角の水が出る場所へと群がる。

そもそもアグラでは、急激な人口増と工業化で高まる水の需要に、給水量が追いついてはいない。ヤムナ川から取水し浄水処理を行なう施設は足りず、あっても老朽化で十分な能力を発揮できない。整備にも手が回らず、こうした浄水場の機能不全からアグラの水の供給力は相対的に低下していた。当局が特段厳しい給水制限をしている訳ではないのに市民に水が届かない不可思議は、そんな理由からだった。

住民たちは苦肉の策として、地下に埋まる水道管に無理やり穴を開け、直接取水する方法を日常的に行なっている。手動式のポンプを使い、まるで井戸水をくみ出すように水道管に残る最後の一滴までもを吸い尽くす強引なやり口。電気モーターでくみ上げる個人宅もあるが、トランスヤムナの各町内には手動ポンプ方式による共同取水場がいくつか作られていて、住民たちは限られた水道水の最後をここで分け合う。

その日、共同の取水場にちょっとだけ遅れて駆けつけた兄弟が、すっかり枯れてしまった〝井戸水〟を前に大きなバケツを持ってたたずんでいた。見かねた近所の人たちが、ちょっと前に自分たちが汲んだなけなしの水をふたりに分けてあげている。

「いつものことさ。弱い人たちは助け合わないと」

当然、水道管からの直接取水は水道料金を払わない違法な行為である。しかしながら、こうした盗水行為を水道局はもはや黙認状態。街の市場に行けば盗水用の手動ポンプが堂々と売られているほどだった。もはやどれもこれもが、アグラの水弱者たちにとっては日常の風景なのである。

さらにアグラでは浄水場と同様、いやそれ以上に地中の水道管は古く劣化していて、いたるところで水が漏れ出す状態になっている。実に配水している半分近くが漏水によって失われているとも言われる。慢性の水不足は実はこちらにも大きな原因があるのだが、厄介なことに、市民らの盗水行為はさらに水道管の傷みを増幅させ、結局はいっそう水供給を滞らせていた。ここでもまた生じる飲み水をめぐる悪循環。

だだ漏れの水道水が引き起こすもっとも深刻な問題は、人の健康への害である。水道管からの水は多くの場所で地中から地表へとあふれ出し、雨でもないのに不衛生な水たまりを作っていた。それは伝染病や感染症の発生源となり、さまざまな健康被害を生み出す要因につながっていく。また、水が漏れる水道管とは同時に水を吸い込む水道管でもある。ほとんどの時間を占める無給水の間、水道管内は水圧が低下して管外の圧力のほうが高くなり、土中の水が管内に逆流して入って来てしまう。その後に流す水道水は泥水が混ざった水だ。もはや不衛生というレベルではない。水道水そのものが、積極的に汚染物質を集め込んだ非常に「危ない」存在となる。

水供給を取り巻く惨たんたる状況を前にして、インド政府は二〇〇七年、一三〇キロメートル北方を流れるガンジス川からアグラまで水を引き運ぶ計画を立ち上げた。名付けて「ガンガージャル（ガンジス川の水）プロジェクト」。途中まではすでにガンジス川を水源とした灌漑水路が稼働し、豊富な水がおもに農業目的で使われていた。その用水路をなんとかアグラまで伸張させ、市内で使う生活用水にするという計画だった。

スタートしてかれこれ一五年以上経過して、ようやくアグラに「ガンガージャル（ガンジス川の水）」が少しずつ給水され始めてはいる。しかし、全長三〇〇〇キロメートルに及ぶアグラの水道管の修繕、漏水対策は十分には進まず、抜本的な改善策は見えてはいない。

トランスヤムナの住民たちは、

「結局はザルに水を入れるようなものです」

と言いながら、苦くて口の中がヒリヒリする〝盗水〟の味に、依然として口を歪め続け

水道管から漏れた水を集めるトランスヤムナ地区の少女（アグラ）

なければならない。

この地の多くの住民は毎日使う水に金をかける余裕など持ち合わせてはいない。アグラ市内に暮らす約二割の貧困層は、危険な水道水と分かっていても、それを日常の飲み水に使っているとの報告もある。多くのインド人が飲みたがらない、飲み続けていれば腹を壊してしまう水をだ。わたしが「ユルユル薄茶色」を垂れ流した原因はパラタじゃない。やっぱりこの水にこそあったのだろう。

*

アグラの西、約四〇キロメートル離れた場所に、ほんの一四年間だけムガール帝国の都が置かれた町がある。第三代の君主で、「大帝」の名を冠されたアクバルが建設した「ファテープルシークリー」。それは世界各地の先進文化と当時の先端土木技術を集結させ、わざわざアグラから遷都までして新たに計画的に作った都市だった。

しかし、首都としてのファテープルシークリーはわずかな期間しか使用されず、再び都と王宮はアグラへと戻されてしまう。理由はうち続いた猛暑、そして、慢性的な水不足だったと言われている。いまファテープルシークリーの遺跡を訪ねると、さまざまに工夫された灌漑設備など、水の確保に腐心した先人の知恵の数々を見ることができる。だが、そうまでしても結果的には水の問題を克服できなかったファテープルシークリーの都は捨てられて、廃墟となった。

当時から、そして長きに渡ってこの地では水が人々の暮らしを左右し続けてきたのである。同時に水を確保するその宿命は、インドの人々に突きつけられたまま、現代に至るまで解決できない、どうやらずっと変わらない難題ということらしい。

ただし、ここで興味深いのは、そもそもインドは雨が降らなくて水が足りない土地ではないということだ。年間降水量を見てみると、北部のアグラやデリーは約八〇〇ミリメートル、南部のムンバイは約二五〇〇ミリメートルあって、東京の約一五〇〇ミリメートルと比べれば、十分に多雨な国としていいだろう。インドはけっして乾燥した砂漠地帯ではない。少なくとも最初から水が足りない訳ではない。インドに突きつけられる水との宿命とは、豊富な水とどう付き合い、どう確保し続けるか、ようは圧倒的な水の力をはたして人間がコントロールできるのかという問題だった。

インドに降る大量の雨は「アジアモンスーン」と呼ばれる南西の季節風によってもたらされる。六月ごろになるとインド洋から湿った風が吹き始め、雲を呼び、雨を降らせ、大地を潤し、川に膨大な流れを作り出す。突如として雨季が始まり、長雨は九月まで続く。この雨季の期間に年間降水量の実に四分の三が集中するのだという。

この水の恵みによって、田畑は人間を養うための作物を育むことができる。特に多くの水を必要とする水田での稲作には、アジアモンスーンの高温多湿で多雨な気候がこの上ない好条件になった。水田に水を溜め、稲を育てる。一気に空から降り注ぎ、大河となって流れる水を、水そのものの形で確保するのではなく、食料生産ために使い、コントロールすることも、またここでの水との付き合い方だった。

南アジアから東南アジアを経て東アジアへ。アジアモンスーンが通る国々に共通するのは、この水との付き合い方、つまり稲作農業である。そして、稲作によって生産されるコメという食糧は、人類史において類まれな存在になっていった。コメは多くの人の胃袋を支え、コメを主食に据えた国々にこぞって爆発的な人口増加を生み出したのである。いまインドはコメの世界第二位の生産国にして、世界最大の輸出国になっている。中国を超える十四億人超の国民を抱えられるのは、なによりそれだけの人間の口を養えるコメ生産があればこそ。モンスーンの恵みとまるで無縁ではない。

車に乗ってファテープルシークリーから再びアグラへと戻る。道すがらの車窓には、遠くまで見渡せる水田の風景が広がっていた。数日前にはあれほど恨みがましく思えた見晴らしのいい景色は、いまなら落ち着いて、なんて瑞々しく美しいものだったかと感動し眺められる。

思えばあのときも、あの木陰にしゃがんだときも、このアジアモンスーンの水の風景を感動的に眺めていた。旺盛で茶色の塊はあまりに立派で心に響いた。そして、その向こうには煌めく太陽の光をキラキラ反射させる水田が広がっていたはずだ。稲が育つ水田と、育った稲を食った果ての排泄物が織りなす景観。両者は隣り合って美しく共存していたのである。水は大地を稔らせ、大地に落とされたウンコを流し、また大地を養う。それはアジアモンスーンの巨大な水と大気の循環の中には、食って出すという人体の循環もしっかり組み込まれているのだよと言っている風景だった。

飯つぶとシラミの卵

アジアモンスーンは季節を追って西から東に、インドからバングラデシュへと吹き、流れ、雨雲を運んだ。インドが世界一のコメ輸出国なら、隣のここバングラデシュはひとり当たりのコメ消費量が世界一である。そんな世界でもっともコメを食う国で、コメを作っているお百姓の男が言った。

「今年は何を食えばいいだ」

お百姓の男は憤りながら、でも、どこかあきらめたような話しぶりだった。

ベンガル湾に面したバングラデシュ南東部の、ビーチリゾート地として知られるコックスバザール。その中心から少々離れた海と川の間に狭く拓けた田園地帯でのこと。低く垂れ込める雲の下、そこではたくさんの人間が水田を踏みつけていた。

「こうなっちまったらもうコメは作れない。おれたちだって貧しいんだ。バングラは他人の面倒を見られるほど豊かな国じゃない。だけど、はぁ、しかたないのかねぇ」

男が見つめる地べたは水もなく乾ききり、むき出しの茶色い表土がすっかり踏み固められいた。周囲を囲う盛り土の畦だけは形が残っていたので、四角く区切られたいくつもの内側が、本来なら稲が実る場所だったことをしのばせる。うつむきたたずむ男がおもむろに目線を上げた。遠くにはパラパラと人がいて、ヨボヨボと歩いていた。いよいよモンスーンの季節になっていた。稲刈りを終えて次の田植えに備えていたはずの男の水田は、まさにその遠くをヨボヨボ歩く人たちによって、なすすべもなく無惨に踏みつけられてしまったのである。

大きなナフ川がすぐ横にあったことと、さらに引水しやすい平地だったことがこのあたりを水田地帯にし、でもそのことが今回の悲劇をもたらした。ナフ川は同時に国境線を分けて流れる川だった。川幅は広いところでもほんの数百メートル。対岸は別の国家ミャンマーである。ある日突然、その対岸のミャンマーからいきなり着の身着のままの人たちがナフ川を渡って来た。やっとの思いでたどり着いた人々の目の前に広がっていたのは、収穫を終えたばかりで、何の作物もない、どうぞ休んで下さいと言わんばかりにやさしく場

井戸水を浴びるロヒンギャ難民（バングラデシュ・コックスバザール）

所を空けていた水田だった。

「川の向こうで煙が見えた。何かが燃えていると思ったけど、翌日、朝起きたらこっちの川岸にはもうたくさんの人がやって来ていた」

男はその日を振り返って、話を続ける。

「夜中のうちに舟で川を渡ったんだろうね。女や小さな子供が多くて、荷物はほとんど持ってなくて、ボロボロの格好で、すぐに彼らがミャンマーから逃げて来た人たちだって分かった。あの様子を見たら追い返すなんてできやしないし、もう簡単に追い返せるような人の数じゃなかった」


以降数週間、昼も夜も関係なく、対岸のミャンマーからナフ川を越えて人間が押し寄せた。それは三か月あまりで七〇万人に近くにまで達する。

ミャンマー南部ラカイン州で起きたロヒンギャ武装勢力とミャンマー治安部隊との衝突を発端に生じた、「ロヒンギャ難民」の大量流出だった。対岸の国境近くには「ロヒンギャ」と呼ばれる人々が多く住んでいた。二〇一七年八月、ミャンマー軍の攻撃にさらされた膨大な数のロヒンギャが、国境を越えて隣国バングラデシュへ難民となって避難してきたのである。

すぐさまバングラデシュ政府や国際機関によって、国境近くに難民を収容するキャンプが形成されていく。すでにミャンマーからバングラデシュへは、前年の二〇一六年に数十万人のロヒンギャ難民が国境を越えて避難していたが、今回はそれをはるかに上回る難民の数だった。最大の「クトゥパロン」難民キャンプには一気に五〇万人以上が流れ込み、隣り合う「バルカリ」難民キャンプなど、同じく難民で膨れ上がった各キャンプ同士がそれぞれくっ付き合い、混ざり合い、もはや境界をなくしつつあった。ナフ川周辺の、ごくごく狭いエリアにおよそ一〇〇万人の難民たち。これだけの数が避難生活をする場などこれまで世界のどこにもなかった。それは突如として誕生した、世界最大の難民キャンプにほかならなかった。

膨大な数の人間を収容するために、国境沿いにあった広大な国立公園の山林が拓かれた。保護されていた樹木たちはどんどん伐採されて、急ごしらえの簡易住居が丘陵地の斜面に造られていく。難民たちによって真っ先に踏みつけられた水田は、そうした広大な難民キャンプの玄関口のような場所にあった。よりナフ川に近いところの水田は新たにやって来た難民が待機しチェックを受けるイミグレーションのような施設が置かれ、山に近いほうの水田は難民キャンプの中へ出入りするためのゲートとなり、人や物資を管理する事務所もできていた。

どちらの場所でもよく見かけるのは、たくさんの人間が並んだ行列だった。中でもことさら人が群がっていた場所は食料の配給所である。食料調達がままならない難民キャンプにあって、難民たちは難民証や配給チケットを手に、男も女も子供も、みんな食料を積んだトラックを待って夜明け前から夕暮れまでひたすら列を作っていた。もうすっかり水田の面影を失った場所では外国から援助されたコメが配られ、人々は水田を踏みつけながらコメを受け取るのである。

食料の配給は当初、難民キャンプを管理するバングラ国軍から派遣された担当者が行っていた。どうにも軍人たちは強面で、食料を前にし焦る難民たちを動物のように扱い、横柄に仕切る。受け取りの列を乱す者があれば厳しく木の棒で叩かれたり、配給チケットを取り上げられたりする者もいた。あるとき難民同士の奪い合いでコメの袋が破れ中身が辺りにぶちまけられてしまった。拾おうと群がり騒然とする人々に対しても、木の棒が容赦なく振り上げられる。そして、コメを差配する人間の前では皆、黙って従順に従う。ここでのコメの存在は誰もが享受できる天の恵みではなく、それを持つ者を強者へと変化させ、持たぬ者が支配を受ける弱者のように見えた。コメは、食いものは、振るう権力のあたかも源のようだった。

「誰だってコメを食う。コメを持ってるからって偉いわけじゃないのにな。あそこはコメを作らない奴らが威張っている」

自分の水田を踏みつけられたお百姓の男が、遠くからそんな食料配給所の風景をひとり見ていた。彼は誰にともなく言葉を発し、とても、とても、悲しそうな顔をしてどこかに歩き去って行った。

＊

「次はいつもらえるか分からないから、食事は一日一食だけなんだ」

運良く食料を受け取れた難民のひとり、サヒールはそう話し、コメ袋を一つだけ担いで〝家路〟へと向かう。

難民キャンプの内側は途方もなく広く、竹とビニールシートで囲っただけのみすぼらしい住居が延々と続き並んでいた。ところどころに露天掘りの井戸もある。そこでは飲むための水を汲み、食べものを仕込み、同時に洗濯と赤ん坊の尻も洗う。そうした家々と人間の隙間を〝汚水の川〟が流れ、周辺にはずっと排泄物の匂いが漂う。彼らが食料を持ち帰って食べる〝食卓〟はそんな風景と隣り合っていた。明らかに劣悪な衛生状態。赤十字の調査では四割の難民が下痢を訴えているという。ひとたび赤痢やコレラなどの感染症が発生すれば一気に蔓延することだろう。

サヒールは少し足を引きずりながら〝汚水の川〟を越え、〝家路〟の先にある〝食卓〟へ急いだ。彼はミャンマーでは料理人だったと話した。小さい店で自慢の料理をふるまい人気だったそうだ。その店でサヒールはミャンマー軍と思われる男たちから襲撃を受けた。

太ももを銃で撃たれ、重症のまま逃げ、たどり着いたのが隣国のこの難民キャンプ。七針を縫う手術で命を取り留めたのだそうだ。

「真っ先にこのコメを食わせなきゃならん」

仮設テントに六人ほどが暮らすサヒールのところでは、もはや配られたコメが尽きかけていた。老いた母親はだいぶ前から起き上がれずにいるらしい。栄養状態が不良で体力が落ちて衰弱している者たち、特に高齢者や小さな子供は病原菌に対し抵抗力がない。食料不足が続くということは、「飢餓」という極限状態に陥るはるか手前から、ちょっとした些細な病気でも重篤化してしまう危険な環境を作り出す。ここは救える命でさえ簡単に失ってしまう危機を常にはらむ。

サヒールの家の中は立つのも精一杯なほど低くとても狭いが、そこは料理人だけあって、調理場が居住スペースの一角にきちんと確保されていた。コメの到着を待っていたかのように、そこではちょうど彼の妻と娘が食事の準備をしていた。食べるものは配給以外に近くの農家から野菜などの寄付があるという。もらったニンニクを炒め、拾ったトウガラシを炒め、さらには洗面器に入っていた、魚を加工したと思われる食材をわしづかみに投げ入れ炒め合わせる。それはきっとミャンマーで「ンガピ」と呼ばれる魚介の発酵食品なのだろうが、洗面器の中に残っていたものを見たらおよそ食品とは言いがたい、限りなく腐敗物に近いグズグズに崩れ異臭さえ放つ自家製の代物だった。

「わたしたちがミャンマーで食べていたものですよ。ここではちゃんと作れませんが、郷土の味なもんでね、どうしても食いたくなる」

娘が混ぜる鍋を覗き見ながらサヒールは話す。さすが料理人のこだわり。ただ、嬉しそうに説明する彼には申し訳なかったが、家じゅうに立ちこめる強烈な刺激臭でむせ返って目も開けられなくなった。

我慢できずにちょっと外に出る。遠くでは少年が一匹の生きたニワトリと格闘していた。しばらく見ていると、彼はやおらニワトリの頭を強引に素手でねじり切った。頭部を失してもなお暴れるニワトリ。少年は血まみれの手で追いかけ、ようやく抑えつけると、大事そうに抱えて井戸端へと運んだ。

「やっとニワトリをもらえたんで、殺したんだよ。家族みんなが食べるため。もう男手は僕だけだから」

歳を聞けば九歳になったばかりだという。手を洗う彼の横には母親がやって来て、絞めたニワトリを受け取っていく。大釜に湯をたぎらせていたので、これからニワトリをそこに浸し、羽をむしり取る作業になるのだろう。

近くのテント小屋前には少年の祖母と幼い弟、妹が座っていた。確かにあたりに男性の姿はない。ほんの三か月ほど前の出来事だったらしい。何者かが少年一家が住むミャン

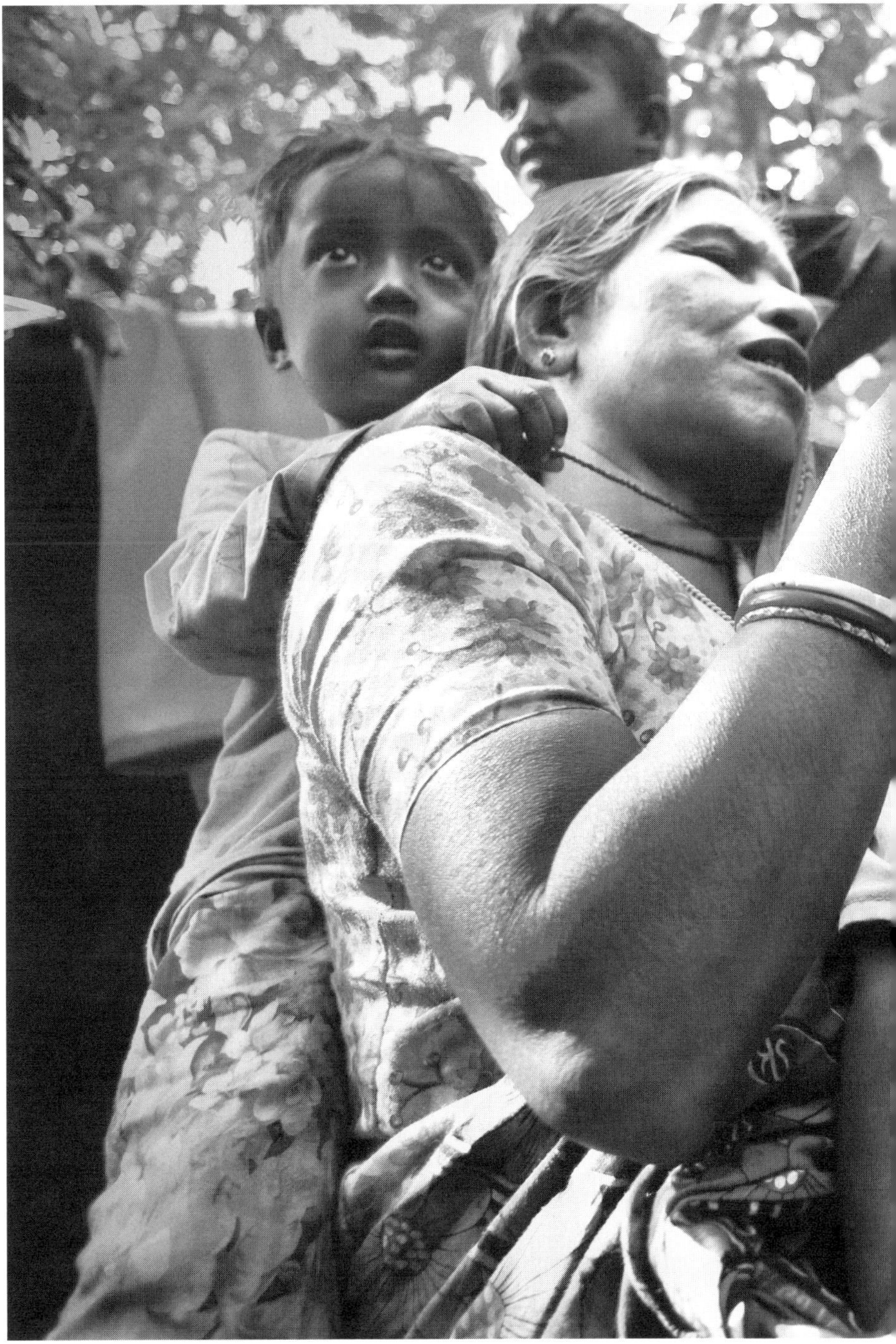

クトゥパロン難民キャンプで暮らす家族（コックスバザール）

マーの村の家に押し入って、父と兄たちを連れ去ったのだという。この難民キャンプでは誰しもが悲惨な出来事を経験している。辛い記憶はいたるところで嫌でも耳に入ってくる。少年は手にべっとり付いたニワトリの血を必死に洗い落としながら、自分の家の出来事を教えてくれた。故郷の村で彼が最後に目にした光景は、暴行を受け、体が血まみれになった父や兄たちの姿だったのだそうだ。

かたわらにいる少年の弟はまだだいぶ幼く、祖母に抱かれたままさっきからずっと泣きっぱなしだ。ただ、泣きながらもコメの飯が入った容器を胸にしっかり抱え、けっして離そうとはせず、口をもぐつかせている。粗末な〝おひつ〟から手で掴み出し、涙の塩味とともに口に押し込むパラパラの冷や飯。祖母はというと、後ろから飯喰らう彼の頭をまさぐっていて、やおらシラミの卵をいくつか摘まみ出した。それは彼が喰らう飯つぶよりもよっぽど白くツヤツヤしていた。

そこは少なくとも飢えがはびこる場所ではなかった。困難な状況でも彼ら難民たちはなんとかして食べていた。この難民キャンプにおいては、衣食住の中でもとりわけ食に繋がる行動が目立った。いや、うごめく人間たちが繰り広げる風景とは、ほぼそれしかないと言ってもいい。実はあっちでもこっちでも、難民の女性たちは地べたに作ったカマドで煮炊きをしていた。卵を茹でたり、魚を揚げたり、なにかの葉っぱを煮たり、さらには絞めたニワトリを焼いたり。

「やっぱりコメが欲しいわねぇ」

いまいちばん望むことは何かと聞くと、少年の祖母はそう即答した。なにをいまさらという顔をして彼女は言葉をつなぐ。

「食べなければ生きていけない。食べることが生きることでしょ」

＊

イスラムの礼拝を呼びかける「アザーン」がどこからか聞こえ始めた。斜面に乱雑に並ぶバラック小屋の間から、粗末ななりをした男たちがぞろぞろと集まり出す。

「サラマレクン（あなたの上に平和あれ）」

口々にアラビア語で挨拶を交わす人々。だが、彼らはアラビア語を母国語とする人たちではない。ここは中東アラブではなく、やっぱりバングラデシュにあるロヒンギャの難民キャンプなのである。

ロヒンギャの多くはイスラム教徒とされる。隣国ミャンマーから逃れ難民となった彼らは、自分が住むテント小屋を造るのと同時に、すぐさまキャンプ内にイスラムの礼拝堂も建てていた。何十万人にも膨れ上がったイスラム教徒たち。難民キャンプでありながらもそこには簡素な造りの「モスク」が大小たくさん出来上がっていた。

モスクへ向かう老人のひとりが、一緒に連れていた子供に水を汲みに行かせた。近くの井戸から運んだ水でふたりは手と顔を洗い、口をすすぎ、最後に足にかけて流す。礼拝前に体を浄める沐浴だ。難民キャンプの井戸水は直接飲むにはまるで衛生的ではなく、ここでは安全な飲み水の確保が大きな課題になっているのだが、沐浴に使ったり体や衣服を洗う分には問題ないらしい。どこかで見たような風景だ。あの〝聖なる川〟の岸辺、アグラの水環境は難民キャンプレベルだったのね。

さて、この日はイスラム教徒にとってもっとも大切な金曜礼拝の日だった。モスク内にはもう二〇〇人以上がひしめきほとんど座る隙間はない。もちろんすべてロヒンギャ難民である。男たちの汗と熱気と、どうしようもなくスエた体臭。人いきれでむせ返る中で、難民たちは一斉に身を屈めてアッラーの神へ祈る。自身も難民であるイマーム（宗教指導者）は祈る彼らに向けて強い言葉を投げかけた。

「われわれはとても困難な状況に身を置いています。いまこそイスラムの戒律を固く守り、深く熱心に信仰に生きなければならなりません」

このモスクを主催していたイマームのサラモ・ウラは、最大の難民収容所であるこのクトゥパロン・キャンプにおよそ三か月前に入ったそうだ。難民となった当時の記憶はいまだ生々しかった。

「ミャンマーでは、わたしのモスクがミャンマーの国軍に襲われて、しかも火を付けられました。イスラム教徒の赤ん坊がその燃える火の中に投げ込まれました。いとこはそこで家族全員が殺されてしまった。彼もイスラム教の聖職者。モスクはまっ先に仏教徒から攻撃されて、虐殺のターゲットになったのです」

今回の難民の大量流出の直接のきっかけは、ミャンマー南西部ラカイン州に住むロヒンギャの中に組織された武装勢力と、ミャンマーの軍治安部隊の武力衝突だったとされている。だが、背景にあるのは長年にわたるミャンマーで多数を占める仏教徒からの、イスラム教徒ロヒンギャへの迫害だ。仏教とイスラム教。異なる宗教が複雑な事情と軋轢を生み、ジェノサイド（住民の大量殺戮）にまで発展したのだという解説は、いろんな識者が語り、どの場所でもよく聞かされていた。

ロヒンギャの多くはミャンマーが英植民地だった時代に、同じく英植民地のインドからやって来た人たちである。それもヒンドゥー教徒が主流のインドの中央部ではなく、よりミャンマーに近い東方のベンガル地方からで、イスラム教徒が大半を占める地域からだった。後年、インドが独立し、ベンガル地方もバングラデシュとしてインドから分離をする。ロヒンギャがイスラム教を信仰していることと、ミャンマー国内でも西の端、バングラデシュと国境を接するラカイン州に多く住んでいるのは、そうした歴史と地勢が由来している。だからだろうか、仏教国ミャンマーの政府はそんなロヒンギャたちをバングラデシュに帰るべき「ベンガル人」だとし、今ミャンマーにいるのはただの「不法移民」と位置付けている。国籍も与えず、そして長年社会の枠外に置いてきた。ミャンマーは多民族国家であり、カレン族など迫害を受け武力攻撃もされる民族マイノリティも存在しているけれど、ロヒンギャの場合は固有の民族としてすら国には認められていない。

一方、信じる宗教の違いが困難な状況を生み出していることは同じなのだが、バングラデシュに出来ていた別のロヒンギャ難民キャンプでは、さらに複雑で、様相が正反対の話を聞かされた。

クトゥパロン・キャンプからほんの数キロしか離れていない「ヒンドゥパラ」と呼ばれる難民キャンプだった。夫を失い、必死にミャンマーから出国した女性が語る。

「イスラムに改宗しろ、さもなくばヒンドゥー教徒は殺す。そう脅されました。行方不明になった人たちだってたくさんいます」

女性はここでは「ヒンドゥー・ロヒンギャ」という名称で難民登録されていた。彼女らが身を寄せているこの難民キャンプは収用人数約五〇〇人と小規模で、全員がヒンドゥー教徒ということだった。幹線道路にまで人があふれるイスラム教徒の難民キャンプとは異なり、奥まった場所で隠れるようにひっそりとあった。そのヒンドゥパラ・キャンプに逃れていた難民たちによれば、ラカイン州には同じくベンガル系の住民であっても、イスラム教徒ではない、ヒンドゥー教徒のロヒンギャも隣り合って、混じり合って暮らしているのだそうだ。

「われわれを襲ったのはわたしたちと同じロヒンギャの人です。ミャンマー国軍ではなかった。ここに来てからだってイスラムのロヒンギャからは暴力を受けていて、まるで安心できません」

多くの〝ヒンドゥー教徒ロヒンギャ〟が、ミャンマーで経験した〝イスラム教徒ロヒンギャ〟からの迫害と被害を口にする。中には「ＡＲＳＡ（アラカン・ロヒンギャ救世軍）」と具体的な武装勢力名を挙げて暴力行為を訴える者もいた。それを裏付けるかのように、ミャンマー軍は難民の大量流出後、ミャンマー国内にヒンドゥー教徒が殺され埋められた集団墓地を発見したといく度か発表し、それがすべて「ロヒンギャの仕業だ」との報告を出している。

対してバングラデシュに避難したイスラム教徒のロヒンギャ難民は、あくまで「ヒンドゥー教徒の虐殺も仏教徒が行った」と主張し、ミャンマー軍の発表と言い分に同意し協力するヒンドゥー教徒たちを非難する声も聞こえた。

確かにヒンドゥパラ・キャンプのヒンドゥー教徒にも、少ない数だが「ミャンマー軍に追い出された」と話す難民もいた。混乱の中での情報は不確かで、錯綜していた。こうなると本当は何が起こっているのか分からなくなってくる。ただ、明らかなのは、常に少数派が多数派に攻撃されていたということだ。イスラム教徒は仏教徒から迫害され、もっと少数の住民集団であるヒンドゥー教徒たちは、イスラム教徒か仏教徒か、とにかく自分たちより多数派の勢力に追われ難民化したのである。

そもそも「ロヒンギャ」とはどんな人たちのことなのか。彼らは歴史的、民族的な特長で括られる存在なのか、たとえばイスラム教で繋がる彼らの宗教的エスニシティが、ロヒンギャのアイデンティティを指すものなのか――。実はロヒンギャの規定は明確には定まっていない。この地域を研究する専門家たちに実際に聞いても意見が分かれるところでもある。一括りにできない出自や宗教。ロヒンギャ自身が内包する曖昧で複雑な事情も、この難民問題の解決をより困難にさせていたのかもしれない。

しかし、バングラデシュ当局は難民たちを管理しやすいようにと、クトゥパロンやバルカリ、さらにはヒンドゥパラなどのナフ川沿いに点在する難民キャンプを一か所に統合する動きを見せていた。ベンガル湾の孤島へみんなこぞって移送する案である。実際に二〇二〇年に始まることになった、その計画が取り沙汰され始めた頃だった。複雑なロヒンギャの事情も構わず難民たちをいっしょくたにするとの噂を耳にしたイスラム教徒のサヒールは、いたく顔を曇らす。

「奴らとは同じ場所には住めない。一緒にはなれない」

彼は、他教徒である「奴ら」ヒンドゥー教徒の難民と混ざることに強い嫌悪感を示した。そして、具体的な理由としてまず挙げたのは、

「食うものが違うから」

だった。さまざまある宗教上の戒律の違いの中でも、食べる行為の違いがサヒールには我慢ならざるものらしい。

一神教で偶像崇拝を禁ずるイスラム教と、神々の偶像を崇拝する多神教のヒンドゥー教。もちろん差異はあるのだけれど、豚肉や牛肉を食べないなど、食習慣に関しては表面上それほど大きく違わないのではないかと、いたく適当な日本人の仏教徒は感じていた。そんな認識を言ってあらためて問うてもサヒールは首を横に振る。

「異教徒と同じ食卓に付くこと、それ自体がいけないのだよ。でも、あなたはいまわれわれの客人だからいい。だからこれを食ってくれ」

と、元料理人の彼は自家製ンガピ入りの激辛野菜炒めを差し出す。あとはこれ食って考えろと言いたげだ。

反対にサヒールたちイスラム教徒のロヒンギャ難民に向けても、バングラデシュの異教徒から似たような言葉が投げかけられていた。

「奴らロヒンギャはもうここに来ないで欲しい。食うものも違うからね」

こちらはコックスバザールの難民キャンプからもさほど遠くない場所で聞かされた声で

コメの飯を食うヒンドゥー教徒のロヒンギャ難民（コックスバザール）

食風景にあふれるロヒンギャの難民キャンプ（コックスバザール）

ある。約三万人の仏教徒が住む「ラモ」という街。イスラム教徒が多数を占めるバングラデシュにあって、ラモの街の仏教徒はミャンマーとは逆の位置付け、つまりこの国の少数派の立場にある。ご多分にもれず、バングラデシュでも少数派（仏教徒）は歴史的に多数派（イスラム教徒）からはさまざまな迫害を受けてきていた。最近でもラモの街はイスラム教徒によって襲撃され、一〇以上の仏教寺院を含め、多くの家々が焼失したという。由緒あるシマビハール寺院も大部分が焼け落ちた。

「それはまだほんの五年ぐらい前のことですよ。あのとき、イスラムの暴徒にはロヒンギャもたくさん混ざっていました。彼らは難民キャンプからやって来ていた。ロヒンギャはとても好戦的で、だから再び難民が大量流入しているいまの状態をわたしたちはとても心配しています」

僧侶は過去をそう振り返り、現状を危惧する。

焼けた寺院のすぐ横には食堂があって、そこも襲われたそうだ。店先に座って話を聞いていると、仏教徒である店主と客が声をそろえて異教徒イスラムの恐ろしさ、ロヒンギャへの嫌悪、難民の大量流入への心配を話し出し、どんどん止まらなくなった。美味そうなオカズを並べた店だった。主は出来立ての野菜コロッケや厚揚げの煮物なんかをそっと差し出し、ロヒンギャ難民なんかよりも、おれたち仏教徒が受けている迫害をもっともっと世の中に伝えてくれと言う。

「ロヒンギャは店を壊して、鍋をひっくり返して、この美味い飯をメチャクチャにしていったんです。きっと仏罰が当たる」

仏僧たちも御用達の門前のありがたい飯屋だった。ここんところ毎日バングラデシュで食っている、海魚のカレーをコメにぶっかけたヒンドゥー教飯もいいのだが、この仏教飯はすこぶる優しい味で美味かった。まだ言ってなかったが、イスラム教徒サヒールが作ってくれたミャンマーの発酵食品料理は、強烈な臭いが熱を通されて和らぎ、深いうま味が引き出されてなかなか沁みる味わいだった。だがそれ以上に、イスラムやヒンドゥーと同じように豚や牛の肉を用いない〝精進料理〟が基本であっても、多彩な食材を使って工夫を凝らした仏教の飯はなぜか沁み沁みと美味かった。

まあ、結局はどれもが美味いのである。しかもすべてがアジアモンスーンの風土が作る恵み、アジアモンスーンの人々が作るコメを主食に置いた美味だ。ここでは誰もがコメを必要とし、コメを美味いと感じる〝アジアモンスーンの味覚〟にそう違いはない。なのに、争い隔たるそれぞれの人たちは他者のそれぞれを食わない、食えない、食おうとしない。すべての美味を味わえるのは自分だけ、なのであった。

あの世とこの世と飯を食う

アジアモンスーンは季節を追って西から東に、インドからバングラデシュ、さらにベトナムへと吹き、流れ、雨雲を運んだ。インドが世界一のコメ輸出国なら、その世界第二位はベトナムだ。コメの世界最多食国は現在バングラデシュだが、ほんの少し前まではベトナムがその称号を冠していた。そんな世界有数のコメ食大国で旅芸人の女がケケケと笑いながら指をさす。

「ずっと同じご飯を食べていると、同じウンコが出るのかなぁ。ほら見なよ、あんたのウンコ、浮いてるよ」

田んぼ脇の池の上に設えた便所。屋外にあるが、ちゃんと椰子の葉で作った壁と屋根に囲われたいた。しかし、下は二本の丸木が渡してあるだけのスカスカ状態。用を足せばモノはそのまま池の中へチャポンと落下するシステムとなっている。そして、池に落下物があると飼われている淡水魚たちがすばやく察知してそこに群がる。「浮くウンコ」は彼らにとって食べやすい餌らしい。水面をバチャバチャさせながら旺盛に食いまくり、あっという間にウンコは消え去った。

旅芸人の女はなんだか嬉しそうな顔をして池の中の一部始終を眺めていた。彼女たちとはかれこれ二週間ぐらい旅をともにしていて、なにがそうさせるのか分からないが、こうして長く一緒にいるとウンコが浮くようになる。日本にいるときはそんなことはあまりない、というより、ウンコの浮沈を気にしたり、注意を払うような瞬間を持ちはしない。だが、こうしてベトナムの、メコンデルタの、とっても開放感あるトイレで用を足したりすると自分の遺物の一部始終が目で追える。見ようと思えば他人の遺物も確認できる。この旅芸人一座のベテラン女優チンは、自分たちと同じように池に浮くウンコの様相を見るにつけ、今回もようやく異国からの客人が一座に馴染んだものと判断し、彼女なりに歓迎してくれていたのかもしれない。

総勢三〇人ほどが一座を組んで、各地を移動しながら公演を繰り返す旅芸人集団だった。ベトナム南部を流れる大河メコンが作り出す広大なデルタ地帯。彼らは一艘の船に人も舞台道具もいっさいがっさい詰め込んで、村から村へ、集落から集落へ、毎日どさ回り旅を続けるのである。訳あって彼らを追い、一緒に旅をしていた。

「アン・コム、ディー（飯を食いな）」

大きな釜でコメを炊き上げたチンが少し大きな声を掛けた。川のすぐ横には地面に設えたカマド、湯気を立ち上らせる鍋、ゾロゾロ集まる座員たち。旅の一座の日々の食事は自分たちで炊き出す。飯事するのはチンを中心にした若手の女優たちだ。前夜に剣劇芝居で暴れ回っていたチンは、もう朝早くに地元の市場へ行って空芯菜と小さな川魚を買ってきていた。昼飯のメニューはそれらを使った「ラオ・ムン・サオ・トイ（空芯菜のニンニク炒め）」と、「カー・コー（魚の煮付け）」だった。

各人、ドンブリや皿にご飯を盛り、その上にオカズを乗せ、思い思いの場所にしゃがんでかっ込む。カー・コーは甘辛い味付け。醤油と砂糖で作る日本の煮魚ととても似ていて親しみやすい味なのだが、ベトナム人のチンは砂糖を使わない。ベトナムの母なる調味料「ヌック・マム（魚醤）」と「ヌック・ズオ（ココナッツジュース）」とで煮汁を作って魚に火を通し、煮詰め、強く味を染み込ませるのがベトナム流。ココナッツジュースはココナツミルクとは別の、透明なココナッツの果汁である。さわやかな甘味がまるで酒と砂糖とみりんを使ったような風味とコクを出してくれるから不思議だ。淡白だが脂がある川魚、特にナマズ類なんかを煮付けるとゼラチン質が溶け出し、出来上がりの煮汁までもがトロトロっとすこぶる美味くなって、これ、ついつい白飯にかけて食いたくなる。ああ、やっぱりやってるよ。みんな競って鍋底に溜まった煮汁をご飯にかけてるよ。

前日に作った「カー・チン（魚の揚げ焼き）」の前でも同じような光景が繰り広げられていた。カー・チンは多めの油でただ魚を焼くだけではなく、トマトとニンニクを炒め、ヌックマムで味付けしたソースを絡め仕上げられていた。表面がカラッと揚がった魚にうま味満載のソースが合わさって主役の魚本体も美味いのだが、こちらもなぜだか鍋に残ったトマトベースのソースが大人気。ご飯をおかわりしてソースだけかける、という食い方

炊き出しの飯を食う旅芸人の一座（ベトナム・メコンデルタ）

があっちでもこっちでも、ほらね。

世界で食べられているコメの主流は日本人が食べている丸みのある短粒米ではなく、細長い形状の長粒米である。インドでも、バングラデシュでも、ここベトナムでも、およそ世界の八割で長粒米が生産され、食べられている。日本のジャポニカ米（短粒米）は粘りがあって、炊飯するとふっくらツヤやかに仕上がり、もっちり、甘さも感じる。対してインディカ米などの長粒米は粘り気が少なく、パラパラしたあっさり味。しかし、この軽い食感と食味がオカズの煮汁やスープをかけて食べるにはちょうどいい。また、ひたすら暑い東南アジアの国々では、深い味わいを持つ重量感あるコメより、サラサラ口に運べるコメは意外に体に合うし、どうも胃と腸は欲するようだ。そんな軽いコメをどんどん食い、野菜多めのおかずをいつも口の中に入れていると、人体を通過した最終形態は日本では見せない浮揚現象を獲得するということなのか。

そうして浮くようになったウンコをここでは便所下の養殖池で魚が食う。豊富な〝餌〟を得て魚はグングン成長し、もちろんその魚はやがて人間が美味しく食うことになる。そして、また出す。また食う。また育つ。たまに豚小屋のすぐ隣に便所があって、こちらは人間が出したモノが直接流れて豚の口元に行くシステムになっていたりする。豚はそれを食って肥え太り、やがては肉になって人間がありがたくいただく。そして、やっぱりまた出す。また食う。また育つ。ここにも太陽と水と大気の巡りの中に生きものたちが組み込まれ、一連の恵みを享受するという、ありがたくて美味しい〝アジアモンスーンの循環〟が出来上がっているのである。

*

旅芸人たちはマングローブの木々が生い茂るメコンデルタ南西部に入り込んでいた。カマウ岬を突先とするベトナム最南部は〝オウムの嘴〟の形によく例えられるけれど、その短い方の下嘴あたり、ウーミンと呼ばれる地域を船でウロつき、適当な場所に自分たちで芝居小屋を建てての巡業公演だ。ウーミンは漢字で書くと「幽溟」である。名が示すようにうす暗くひっそりした、深い森に覆われた土地だった。都市部からあえて離れた片田舎の村々に行くあたりが、どうやらこのどさ回り一座の真骨頂らしい。

ウーミンの森の中にはところどころに人が住む集落があって、田んぼで稲を育てていたり、炭焼きをしていたり、魚を獲ったり、池でエビを養殖していたりと、人間たちが旺盛な大自然に飲み込まれそうになりながらささやかに営み、生きていた。そんなささやかな営みにあっても、複数の人が集まりやり取りする場所には何かしらを仕切る長老とか、村長とか、地元の顔役みたいな人物がいて、芝居公演をするに当たってはそうした彼らに話を通しておかないと後から面倒なことになったりする。

いろんな食材が生きたまま売られるメコンデルタの市場（ベトナム）

「待ってたよ、そりゃ結構なことだ」

川のほとりの、ヤシの木とマングローブの森に囲まれた村だった。公演のための挨拶に赴いた家で、その老人はぶっきらぼうにそう言った。彼は表情はやわらかだが、目はまるで笑っていない。こちらを値踏みしているような感じであり、しかし、警戒感や疑義を向けるいやらしさはなく、期待し歓迎しながらもはたして相手がどんな手合いなのだろうかと鋭く観察しているようだった。ちょうど老人は食事の最中だったから皆で早々に立ち去ろうとすると、一番後ろでただ見ていただけのわたしが呼び止められた。他の座員はなんだか面倒くさそうな気配を感じてか、とっとと帰って行く。

「さあ」

と自分の盃をあおって空にして、なみなみと焼酎を注いで差し出す老人。

「はい」

と受け取って、ベトナム流の乾杯「モッチャム・フン・チャム」(直訳すると「百分の百」)の作法にのっとって一気に盃を空ける。老人が食っていたのは鍋だった。焼酎を相棒にひとりで突っついていた。彼の顔は日焼けして浅黒く、奥の方でギラリ光る目をし、どちらかと言えば口数少なく怖そうな風貌なのだけれど、物腰はけっして横柄ではなかった。大柄で筋肉質の体を小さく丸めて、今度は丁寧な手つきで箸をこちらに渡し、

「カエルだぞ、美味いぞ」

とやっぱりギラリ光る目で言った。

老人は毎度やって来るおなじみのベトナム人の旅役者にいささか食傷気味だったのだろう。そこに見慣れない異国人が現れたので、ちょうど自分が食っていたカエルでもこいつに食わしてみて、どうだどうだと反応を見てみたかった、どうやらそんなところだ。こちらも連日チンが作る「カー・ソン（川魚）」のおかずという、いつも同じ顔ぶれにいささか食傷気味だったものだから、

「カエルですか、ぜひ」

と喜んでいただく。

カエルの発達した後足の筋肉は弾力があって、鶏肉に似た味がした。とにかく噛み味が美味い。コーチンだろうがヒナイだろうが、どこぞの上等な地鶏の手羽先だってこのカエルに比べれば子供の食いものだ。一見あっさりしてクセはないが、しっかり噛みしめると奥まったところから草の匂いのよいうな〝クセ〟が滲み出て、そうした奥ゆかしい野味はお子ちゃまにはまだまだ分かるまい。さらにその鍋には早摘みした若いトウモロコシが皮を剥き剥き投入された。カエルはいいダシも出るようで、揚げニンニクと揚げエシャロットが加わった香ばしい汁に浸り親密になったヤングコーンがまたワイルドな苦さと甘さとコリコリ食感で美味い。否応なくガツガツし始めてしまった異国人に向かって、老人はゆったり鷹揚に話しかける。

ヘビから飲み込んだものを吐き出させる（ベトナム）

「カエルは田んぼで捕れる。だから美味い。田んぼではネズミも捕れる。コメやココナツを食っている田んぼのネズミは、カエルの上を行く」

メコンデルタの市場に行くと、さばかれたカエルやネズミやヘビの肉が売られているのだが、さらには超新鮮な生きたままのカエルもネズミもヘビだって食材として立派に並んでいる。一度、持ち込まれたばかりのヘビの腹を押して、飲み込んでいるものを吐かせている場面に出くわした。丸呑みしてそう時間が経っていなかったのだろう、ヘビの口からはヌルッと小ネズミがほぼ生きた姿のまま出てきた。そうした嘔吐ネズミにまで興味があるを客がいて、状態がよければ買い手が付くらしい。恐ろしいばかりの美食。でも、ベトナム人はどんなネズミでも食べる訳ではない。食用にするのはもっぱら〝コメのねずみ〟と呼ばれる、稲を食い田んぼを荒らす田ネズミなのだそうだ。いきなり老人から飛び出した美味いネズミへの一家言。どうやら彼はなかなかの美食家らしい。そして、森の美食家は再びギラリ光る目をこちらに向けてきて、

「よし、ネズミ、食わせてやろう」

ということになった。

珍食、奇食、「ゲテモノ食い」などと食わない誰かが言っていても、それを食う誰かにとっては、珍でも奇でもゲテモノでもない。美味いから食っているだけである。森の美食

家はそれらの美味を知り、美食を覚えたのは戦争だったと話す。マングローブの森を「石器時代にしてやろう」と言ってアメリカ人の将軍が山ほどの焼夷弾を落としていった、かれこれ五〇年以上前のベトナム戦争のことである。ウーミン一帯に広がるマングローブの森は〝ベトコン〟の格好の隠れ家で、まだ若かった老人は絨毯爆撃の下で戦い、飢えをしのぎ、生き抜いていた。

「カエルもネズミもヘビも何でも食ったのだよ。しかも命ギリギリの状況でも、どう料理したら美味く食えるのかを考えていたのだよ」

食べることが生きること、そして、美味い飯を食うことこそが戦下の老人にとって生きていることだった。

あの戦争をベトナムが負けなかったのは、ずっと戦い続けられたからである。そして、ずっと戦い続けられたのは、食を生み出し続けられたからだ。どんなに貧しくてもコメを豊かに稔らせ続けられる人間と、アジアモンスーンという特別な風土を持っていたからにほかならない。

かつてベトナム中部の街で、ベトナム戦争時に収穫間近かの田んぼを踏みつけ進軍する米兵の姿に「いちばん腹が立った」と話す人に会ったことがある。アメリカ人はきっと知らない。田んぼのコメを踏みにじる風景への怒りが戦争に負けられない動機にも理由にもなるのだ。水田の存在はいろんな意味で戦うベトナム人を支えていた。兵站を支え、さらに単に食を支えるだけではなく、続く美味の追求が生きる欲求を支えた。かねがね思っている。たぶんこの国の人たちには生来、美味いものを求める遺伝子が濃く組み込まれている。だから、どこに行っても巷の美食家がいるし、世界最強の軍事大国が根をあげてしまう、たいそうな食いしん坊大国になってしまったのだと。

翌日、田ネズミは鍋料理になっていた。

余談だが、ベトナムではいくつかの場所でイヌもネコも食べたことがある。こちらも同じくどれもが鍋料理にして出され、取っても取っても沸き上がる大量のアクの下に硬い肉が沈んでいた。その特異なケモノ臭を消すためだろうか、薬草のような強い匂いのする野菜と煮込んで、香草もたっぷり使うあたり、ベトナム人たちはイヌやネコの肉がそのままではそう美味いものではないと思っているふしがある。もっと余談だが、ネコは西アフリカのガーナでも食べた。こちらは丸焼きになって、やや燻され、正直なところ、かなり美味かった。

アジアでもアフリカでも、ここで共通するのは「もてなし」である。およそ大都市の料理店ではなく、農村の民家などに招かれ供される来客のための特別な食事。なけなしの、彼らが所有する大切な動植物を使って出す料理は最大級の歓待だった。夕食どきを前にしていつの間にか庭で飼っているニワトリが消え、遠くで「キャイーン」と鳴いたのを最後にどこにも姿を見せなくなったイヌもいた。南部ベトナムの人々はイヌ肉を比較的よく食う北部ベトナムの人々を卑下し「北は貧しいからイヌを食うのだ。オレたちは不味いイヌなんか食わせやしない」などと言う。だからこそ、人をもてなすためにメコンデルタが満を持して登場させた「美味いネズミ」に期待が膨らむ。

田ネズミは下処理され、レモングラスやショウガやウイキョウなんかにあらかじめ漬け込まれていて、その炭火焼きは食べたことがあったが、鍋料理にするのは初めてだった。小骨は多いけれど、カエルより食べる部分が多いのがうれしい。やっぱり鶏肉に近い淡白な肉。思ったより柔らかくて、でも適度に張りとワイルドな風味があった。なるほどカエルの上を行くかもしれない。

食いながらひとつ気なることがあった。こうした美味は誰が作っているのだろうか。見た感じ老人はひとりで暮らしている。給仕するような嫁も娘も世話焼きもいなさそうで、そうなると彼は自分の食を自分で選び、食材を用意し、料理をし、もてなしまでしていることになる。なにしろ絨毯爆撃をよそにひたすら食うことに余念がなかった男である。美味い飯を食うことは生きること。自分の命を他人に預けないように、自分の食は他人に任せない。美食家とは、きっと本来そうじゃなければならない。

「死ぬ前に何が食いたい」

といきなり老人は尋ねてきた。

「おれはこのネズミなのだよ」

と、こちらの答えを待たずに彼はひとり語りする。

「戦争中、いっしょにネズミ鍋を食っていた仲間がいて、やっと食えたからとても嬉しくてな。だけど食ってすぐに攻撃されて仲間が死んでいった。もうおれはひとりになっちまったけど、この鍋を食っているときはみんなを思い出す。みんなが隣にいるような気分になる。本当は誰かと食いたいのだよ」

鍋が置かれたまわりには見えないけど誰かがいて、あの世があって、この世があって、ときを超えた食欲がぐるぐると渦巻いていた。生まれて死ぬという繰り返されてきた人間の宿命、人生の循環の中に、美味いものを食おうとする人間は生者であろうが、たとえ死人であろうが、いつもどっかり座っている。

突然、外が暗くなり、アジアモンスーンの空からはスコールの雨が降り出した。たいそうなどしゃ降り。芝居幕はズブ濡れになって、舞台のまわりも一気に水浸しだ。今夜の旅芸人の公演はきっと中止だろう。田ネズミ鍋の〝陰膳〟に、もう少しお付き合いすることになりそうだと思った。

ニワトリを絞めるロヒンギャの少年（バングラデシュ）

V

海の惑星の「新しい天体」

《アルゼンチン・エクアドル・日本近海》

太平洋上のカツオ一本釣り（日本）

豪華客船に乗って世界一周をしていた。なーに、仕事である。当方には優雅さの欠片もない〝稼ぎ〟のための一〇〇日旅。とは言っても貴重でありがたい旅だ。そうそう訪れる機会がない「地球の裏側」へ、はるかに遠い南米大陸の先っぽまで連れて行ってくれるのである（南米の国の人にとっちゃ地球の「裏」が日本だろうし、そもそも球体をしている地球にコインのごとき表裏はないのだが、ここは話の都合上、南米を「裏」と呼ばせてもらうことにする）。

地球の裏側では、南北に長い南米大陸によって海が太平洋と大西洋とに分けられている。中米パナマに運河を掘って陸地を突っ切る〝ショートカットルート〟は一九一四年に開通しているものの、およそ船で太平洋から大西洋へ、または大西洋から太平洋へ抜けるには、南米大陸の南端をわざわざ回り込まなければならない。さらには、南米最南端にはマゼラン海峡やドレーク海峡といった、いにしえの探検家たちが這々の体で発見した危険な航路、いまだに数々の難破船が沈む海の難所が待ち構えている。世界一周ってのはそんなに楽なもんでもない。

荒海のマゼラン、ドレーク両海峡の間にあって、だいぶ後になって見い出されたのがビーグル水道である。こちらは前述の海峡に比べればちょっとだけ穏やか。その狭く川のような航路の中ほどにあるのが「世界最南端の町」と呼ばれる、アルゼンチンのウシュアイアだった。

かつては凶悪犯が送られる流刑地で、もうそこは〝地の果て〟感満載の辺境に違いないのだが、一方で南極大陸が間近かという特異な立地から現在は極地ツアーの観光拠点となっていて、夏場などには世界各地から観光客がゾロゾロ集まって来る。それなりにモノがあり、それなりにモノがない、それなりに町っぽい町だった。そして、特筆すべきは海から眺めるウシュアイアの景観は格別だということだ。冷たく透明感のある空気に、街並みのすぐ背後に迫る雪を冠した急峻な山々、押し出される青白い氷河。太平洋から来ても大西洋から来ても、きっと船乗りたちはこの静謐で美しい港でホッと一息、なんとなく〝地獄に仏〟感もある。

地球の裏側で食う

ちょっと大きめのスーパーマーケットが町中にあったので、しこたまビールを買い込む。肩に食い込む「ホッと一息」を背負いウシュアイアの港に戻ると、岸壁には大きな漁船が停泊していた。トロール漁のための大掛かりな器具に加え、船内には冷凍施設も整っているようで、すぐ隣に居並ぶ豪華客船や砕氷機能を備えた南極クルーズ船にだって負けず劣らずの立派な船だった。

「世界最南端の町」ウシュアイア（アルゼンチン）

荷積み作業で忙しそうな船上、ひとり日本人らしき人物がいて何となく目が合った。おそらく互いに珍しかったのだろう、どちらともなく日本語で声をかけた。

「何を獲ってるのですか?」

「メロですよ。いやー、久しぶりに日本語を聞きました」

漁船は外国の船籍。彼はこの船に乗り込み、漁における指導的な立場で働いているという経験豊富な日本の漁師だった。

彼が獲っている話した「メロ」とは、日本では「銀ムツ」などと呼ばれ流通している魚だ。脂が乗った白身が高級魚「ムツ」に似ていることから、日本の水産関係者がその名を借りて売るようになった。本家ムツ同様、煮付け、照り焼き、塩焼きとどう料理しても美味いのだが、何と言っても西京焼きだろう。甘みのある西京味噌に漬け込み、じっくり炭火なんかで焼けば、それはそれは上品な風味でとろける味わい。聞き慣れない名前の「メロ」は、たちどころに日本の高級料亭だって重宝する「銀ムツの西京焼き」へと変貌を遂げてしまう。

メロには「マジュランアイナメ」という和名もある。「マゼラン海峡のアイナメ」という意味だろう。命名の通りアルゼンチンやチリ沖の南極に近い海域、つまりマゼラン海峡付近がおもな漁場になっている。たとえ和風な名前が付いていてもメロは日本近海にはいない魚だ。生まれは波の彼方の南氷洋なのである。しかし、西京焼きにして絶品のこの魚を、世界有数の魚食の民・日本人が見逃すはずがない。メロを求めて南極に近い海まで遠洋漁業に赴くし、西京焼きを知らない不慣れな外国漁船にはベテラン日本人漁師が乗り込み漁を手伝う。水揚げされる南米の国からも大量輸入している。

もちろんメロが獲れていてもウシュアイアでは「銀ムツの西京焼き」は食えない。当地において炭火で焼かれるのは肉だ。牛や羊の塊肉を炙り焼く「アサード」はアルゼンチンを代表する名物で、港町ウシュアイアだって串刺しバーベキュー屋の看板はいくつも目に付いた。もう一つ、ここでのグルメ的名物はカニ。どうもカニを売る店というのはどこでも同じことをしたがるらしく、巨大なカニのオブジェを店頭に掲げたレストランなんかが、アサード店と張り合ってメインストリートには並んでいた。

タラバガニの一種のこの巨大なカニもマゼラン海峡周辺の海が漁場である。違法操業の取り締まり強化でロシアからのカニ輸入が減少するいま、アルゼンチン産の「ミナミタラバガニ」は日本でも注目度が増している。また、この近海では甘エビに似た「アルゼンチンアカエビ」も獲れ、こちらも日本はたくさん輸入している。かつて日本の南氷洋漁業と言えば、花形は捕鯨だった。日本人の食卓にクジラはよく上がっていた。銀ムツの西京焼きだけじゃない。エビの天ぷらにカニの酢のもの、クジラの竜田揚げ。実は南米最南端の海は和食食材の宝庫なのだ。なるほど、美味い和食というは、地球の裏側からだってやって来るらしい。

ちなみに、豪華客船が世界一周へと西に向かって日本の港を出発するとき、同時に別の大型船が反対の東に向けて出航する。こちらはウナギの蒲焼きやマグロの刺身、西京焼きなどの食材を積み込み、一路、南米を目指す。豪華客船がインド洋からアフリカの喜望峰を回り、大西洋、そして南米最南端を超え、およそ世界の半周以上を終えた頃、東に向かったもう一隻は太平洋岸のペルーあたりへ先回りしていて、そこで豪華客船の客が食っちまった和食の食材を補給するのである。地球の裏側から来た和食が、とって返して再び地球の裏側へ行く。胃袋にとってこの惑星は思うほど広くない。

＊

七〜八人乗ればもう満員の小さなボートの上にいた。言うまでもなく豪華客船じゃない。しかしながら、浮かんでいるのは地球の裏側の南米の海である。赤道直下の国エクアドル。太平洋沿岸の静かな入江を進み、舟の上から前方の陸地の方を眺めると緑の壁が見えた。「マハグアールの森」と呼ばれているそこには、たくさんのマングローブの木々が茂り、海岸線を覆っていた。

マングローブとは海水と淡水が混じる汽水域に生える樹木の総称である。さまざまな樹種があり、姿もいろいろ。シダのような低木から、タコ足のように気根を伸ばす異形もあ

ビーグル水道から眺める南米大陸の景観（アルゼンチン）

マングローブと干潟を歩く人々（エクアドル・エスメラルダス州）

り、ことさらこのマハグアールの森には樹高七〇メートに近い世界でもっとも高いとされるマングローブの木々がある。この貴重なマングローブ原生林を保全、保護しようと活動を続ける人たちが国内外にいて、彼らの現地調査に同行させてもらっていた。

舟はそんなマハグアールの巨木の森からは少し外れて着岸する。

小さな漁村の小さな集落だった。陸に上がった先には粗末な小屋が建っていて、案内され裏に回ると男たちがエビを焼いていた。網の上にエビを乗せ、下から炭火で炙り、焼き上がったそばからガツガツ食い、こちらへもどうぞと勧めてくる。小屋の周囲は海を堤防で区切った池のような水辺が広がり、内側ではエビが養殖されているのだそうだ。男たちが焼いているのはまさにその養殖池で収穫されたエビ。焼く男たちはその養殖池で日々仕事をしている労働者だった。

エクアドルは南米最大のエビ輸出国であり、かつ世界で指折りのエビ生産国でもある。エビを生産すること、すなわちエビの養殖は海岸に近い汽水域が適しているとされ、それはマングローブの生態系と重なった。もしもエビ養殖でたくさん金を儲けたいと思えば、生産者はどんどんマングローブの木を切って、マングローブ林を拓いてエビの養殖池を広げていけばいいのである。事実、沿岸に豊かなマングローブ林を持つ国々、たとえばベトナム、たとえばインド、そしてエクアドルが、現在、養殖エビの生産量にしても輸出量にしても世界の最上位国となっている。

ここエクアドルで養殖されている多くは「バナメイエビ」というクルマエビの仲間だ。エビフライにしてもエビチリに使ってもガーリックシュリンプになっても美味いこのエビを、まずは北米のアメリカへ、さらには地球の裏側にある日本という一大エビ消費国に向けて出荷していた。

「セルベッサ・ポルファボール（ビールをくれ）」

炭火の前でエビ焼き男が言った。焼き上がったエビにはきっとビールが合うのだろう。赤銅色に日焼けした男の顔は飲んだビールのおかげでいっそう赤みが増し、さらに炭火の炎に照らされてテカテカ、ギラギラ、燃えるような色合いで輝いている。

ビールを飲んで一息付いた男は、ここでエビではなくバナナを焼き始めた。皮を剥かれたバナナが丸ごと網の端に乗せられ、ときどきコロコロ。少し焦げてまたコロコロ。転がされてまんべんなく焼き目が付いた熱々バナナもどうぞと勧められ、食べさせてもらったらイモのようにホクホクしていた。

エクアドルの、ことさら海沿いの地域では、バナナは主食のように日々食べられている。皮が緑色をし、太くて大きくて、時間が経ってもあまり黄色くならずに堅いままの調理用バナナ「プラタノ」。甘く熟することもなく、そのまま食うとこの上なく渋いのだけれど、蒸したり揚げたり、熱を通すことでその渋みがほんのりとした甘さに変わって、ちょっと粘り気のあるジャガイモのようになる。そして、この炭火焼きバナナの場合、バナナの焦げ目というのが何より絶妙で、いままで食ってきたバナナの食感の記憶を心地よく裏切って意外な味覚の発見だった。こいつは明らかにフルーツではない。ちゃんと腹に溜まる炭水化物の主食だ。

さて、こんがり焼かれたプリプリのエビもいいし、ホクホクの焼きバナナもいいし、それらを流し飲む「セルベッサ」のゴクゴクもいいのだけれど、実のところ焼かれた食材の下でメラメラ燃えている炭火が、このときなぜだか妙に食欲をそそった。炭火の炎のアカアカが、もはやそれだけで美味そうに見えてしまったのである。

ひそかにこれ、いつものことではある。

世界のどこかの街角。何かの焦げた香ばしい匂いが「プ～ン」とやって来て鼻腔をくすぐり、「チリチリ」とか「ジュ～」なんて音が耳に聞こえて視線をやると、食材が微妙な赤橙色に照らされ「コンガリ」焼き上がっていたりする。そばに寄れば「ジンワリ」とした温もりに包まれて、かぶりついたときの味を想像しただけで唾液が「ジワ～」。炭火がかもし出す一連の風景はいつも食べる前から五感と脳をくまなく刺激する。そして、炭火の刺激は食欲という分野と直結して大いに揺さぶりをかけてくるから、ついに腹の中が耐えきれずに「グ～」。

しかし、やはり炭火は食いものではないので、実際にはエビの塩焼きが美味いのである。

焼きバナナが美味いのである。焼き鳥とか、ウナギの蒲焼とか、焼きトウモロコシとか、おっと止まらない、草加のセンベイとか、目黒のサンマとか、ブラジルのシュラスコとか、トルコのシシケバブとか、アルゼンチンのウシュアイアで食ったアサードとか、とどのつまり「炭火焼き」が美味いのだ。

そうして考え直してみたら、あらためて炭火のスゴさ、エラさに気付く。炭火は「炭火焼き」のためにはどんなものだって選り好みせずに引き受けてしまうのである。肉も魚も野菜も果物も、ついでに鉄板も網も鍋もだ。焼いて炒めて炙って炊いて、料理に使う熱源はいろいろあれど、特に食材を直に炎の熱に当てる場合には断然、炭火に限る。小細工はいらない。肉類も魚介類も丸焼きにするのがいちばん効果的。エビは皮付きで、バナナは皮を剥いてそのまま炭火で焼いちまえばそれだけでご馳走になる。世間が言う「炭火の直火は美味い」というやつだ。

ではなぜ美味いのか。炭火からは赤外線という電磁波が出ていて、よく分からないがこの〝セキガイセンノデンジハ〟は熱として吸収されやすく、食材の表面をすばやく固め味を閉じ込め、内部にまんべんなく適温で浸透するから新たにグルタミン酸などのうま味成分まで作ってしまう、らしい。また、水分が少ないのでパリッと焼け、硫黄分が少ないので嫌な臭気が付かない、らしい。確かにシンプルな調理方なれど、バナナの炭火焼きは食べてみると香ばしさと甘さがバランスよく強化され、そこに新鮮な食感も加わり、想像を

マングローブの森で働くエビの養殖人（エスメラルダス州）

超えたなかなか奥深い味わいになっていた。こんな新味をどこに隠していたのかとバナナの秘めた力量に驚かされるとともに、見事に食材の潜在能力を引き出した炭火に感服、感謝せねばなるまい。

そんなスゴい炭火の、その元となるのは木炭である。日本の備長炭なら樫の木を用いるところだが、ここマハグアールの森の炭火焼き男たちは、伐採したマングローブを使って作り出していた。

聞けばマングローブの木は固く締まったなかなかいい炭になるのだそうだ。焼いている食材もマングローブの森の恵みなら、その恵みをさらなる高みへ、〝御馳走〟へと変えてしまう炭も炭火もまたマングローブの森がくれた贈りものだったという訳。ここでは身近なマングローブに食料も燃料も、家の建材なんかもどっぷり依存している。マングローブという存在抜きには暮らしが成り立たないのである。

「マングローブが大切なのは知っていますよ。ああ、よく知っていますとも」

エビ喰らうエビの養殖人たちは何かを察知したようで、突如、ちょっとだけわれわれに向かって友好的ではない目を向けた。

この地で人々はマングローブの木を切り倒し、マングローブの森を切り拓き、エビを育てている。南米ではアマゾンの森林破壊と同じく、マングローブの生態系も人的要因からどんどん減少していて、エクアドルにある貴重なマングローブの世界最高木だって危機的な状況にあるのだという。この日、自分たちの前に現れた異国人の集団がマハグアールの森の環境保護を訴えているともちろん承知している。だから、男たちは相手から何か聞かれる前にこれだけは言っとかなければならんと思ったのだろう。だいぶ前のめりになって本音を吐いた。

「だけど、カマロン（エビ）の養殖をやめることはありえませんよ」

大切なマングローブの木を切るという矛盾はひとえに現金収入を得るためである。食うために日々していた漁師仕事に比べて格段に多くの現金を手にすることができるからである。養殖されたこのバナメイエビを食うのに地球の表側が支払っている高額な現金なんぞ、ここではそうそう稼げない。マングローブを切ってエビを育てて得るナケナシほど、割のいい仕事なんてほかには見当たらないのだ。

エビとバナナの炭火焼きは〝御馳走〟だが、男たちの今夜の食事はこれでおしまい。あくまでエビは商品で、炭火焼きは訪ね来た客へのもてなし、普段は食うことはない。マングローブの森ではたまにイグアナやナマケモノが獲れ、やはり彼らの〝御馳走〟は肉である。マングローブの森に依存する人々の暮らしはそれだけ豊かで、それだけ貧しい。地球の裏側にあるこの豊穣と貧困と矛盾が、われわれの食卓の一端を支えている。

森で捕獲したイグアナは貴重な食料（エスメラルダス州）

波の彼方で溺れる胃袋

マハグアールの森があるエスメラルダス州はエクアドル最北部に位置していて、北の隣国コロンビアと国境を接していた。ある日、エクアドルからコロンビアまで、マングローブの森林地帯を横目に海路で国境越えする段取りになった。

エクアドルはともかく、コロンビアは「麻薬王」なんてのが幅を利かせる素行の悪さで何かと評判の国なので、なるべくは正しく国境を越えたい気持ちではあったが、このときの国境の越え方はどう見ても正しくはなかった。まず、エクアドル側で出国手続きをしていない。そして、コロンビア側での入国手続きもない。マハグアールの森の漁村から謎の男女と謎の荷物といっしょに小型モーターボートに乗って、そろっとコロンビアの港町に入り込んだのである。つまりは不法侵入。大袈裟に言えば密入国ってやつだ。

しかし、そのヤバそうな行為とはまったく関係ないところで、わたしは道中ずっと四苦八苦していた。舟べりを掴んで顔を海に突き出し、込み上げる嘔吐感とひたすら闘っていたのである。

船酔いなどではない。原因はカニだった。カニを食い過ぎたのである。ただのカニではない。奇妙なほどに美味いカニだ。しかも、いくら食ったって六〇円ポッキリと奇妙に安い。なので食い過ぎた。これはこれで仕方がない。

エクアドルを出発する前日、その日に限って船着場の安飯屋の前にカニが山になって置かれていて、茹で立ての湯気まで出していて、かたわらでは店番のオバチャンがダルそうに、だけど美味そうにカニの足を頬張っていた。幸か不幸か、わたしにはさしたる用事がなかった。吸い込まれるようにカニの山の前に座り、とりつかれたようにガツガツと一心不乱にカニを食い始めた。モノは「ノコギリガザミ」と呼ばれる美味ガニの一派である。別名は「マングローブガニ」。マングローブがある熱帯の干潟に棲息していて、泥の中に潜っているのを苦労して獲るカニだ。目の前のカニは少し小粒ではあったが、味わいはけっして小粒ではなく、ツメの肉もミソもそりゃ十分に美味かった。

どんなに食っても料金はビール一本分の値段（約六〇円）でいいとオバチャンは言う。こんなに美味いカニがどうしてこんなに安いのか。かなり不思議なことだと感じつつも、まあ、海辺や山里といった食材の宝庫ではたまに信じられない美食の飽食に出くわすものである。もはや何の遠慮もない。ほぼカニ食い放題の状態なのだから、カニ山の底をひっくり返してなるべく大きいカニを見つけては食い散らかしていた。

だが、この〝山の底〟が失敗だった。路地裏市場や屋台系飯屋にありがちなことだが、洗面器やザルへ山盛りに積み売られている食品は、〝山の底〟に行けば行くほど古くなっていたりする。山盛りにした品は売れる度にすべてが入れ替わるのではなく、売れた分だけが上から新たに積まれるなんて場合が多い。つまり、いちばん底はいつまで経っても古いまま。その古さといったら数時間どころか、数日前の本当に危険な賞味期限切れレベルもある。東南アジアの香草の山々、アフリカの卵の山々、ラテンアメリカのトマトの山々など、山の頂だけしか売り買いされない山々を毎度眺めていたはずだった。なのにカニの山を前にして、不覚にも〝山底注意〟の基本事項を忘れるほど興奮してしまった。これはこれで、仕方なくはない。

山盛りのカニの誘惑に身をゆだねた代償は、翌日になって山盛りで現れた。旅先で腹を壊すことは日常茶飯事ではあるが、それはいつもと異なる食事に少々胃腸がびっくりするだけのこと。慣れればすぐに元に戻る。体力が消耗することもない。しかし、このときばかりは違った。舟上、すでに胃の中が尋常じゃなく痛み出していて、コロンビア上陸後は発熱し、手足が痺れ、朦朧となった。これは間違いなく病である。

病ならばと手持ちの胃腸薬を飲んでみたが、まるで治る気配がない。同行していた仲間の南米スペシャリスト氏によれば、

「細菌性の感染症だね」

と悲痛に話す。彼もいっしょにカニを食っていたので診断は早い。ふたりで情けなくウ〜ンウ〜ン唸りながら、

「こりゃ抗生物質しかない」

と、町の薬局に駆け込んで「アンチビオティコス」という単語だけを頼りに買って来た、よく分からない薬を飲む。すると、丸一日ほどでとりあえず吐き気と腹の痛みは引っ込んだ。よく分からないが、よく分からない薬が効いたらしくて最悪の事態は脱したようだった。しかしながら、身体は衰弱し切っていた。フワフワして足が地に着かず、風に身体が飛ばされ倒れても、ひとりでは起き上がれなかった。

やっとの思いで便所を這い出して、体力を回復せんがための食事を摂りに行こうと決意。ただ、こんなときだからと屋根とドアがあるレストランを選び入ったにも関わらず、結局ノドを通るのはスープ類だけ。しかも食うと再び吐き気に襲われて便所へと舞い戻る始末。とにかく食えない。胃袋が食べものを受け付けない。これは非常に困った。体力的なダメージはもちろんだが、それ以上にものが食えないという状況は想像を超えて人を精神的に追い詰め、追い込む。いっそう感じ始めた、かつてない人生のピンチ。さあ、どうする。さあ、どうなる。

＊

よく言ったもんだ。ピンチの後にはチャンスあり、である。

屋根のあるレストランを出て、力なく宿に向かって歩き始めたわたしは、どうしてだかフイッと帰路とは反対方向にある路地を振り返った。何が気になったのか分からないが、なぜだか振り返って道の奥を覗いた。そこは船着場へと続くくねった小径。遠くの酒場からは賭博に興じる男たちの蛮声が漏れ出し、たいそう響いている。そして、ほんの少し、一筋だけ、モワッと湯気が立ち昇った。

そいつは奇跡の湯気だったのかもしれない。ふらふらの足は湯気に引き寄せられて行く。あったのは鍋に入った薄黄色の液体。ドロッとしていて、ちょっとブツブツが浮いていて、それをオバチャンがお玉ですくってはコップに入れて売っていた。「モローチョ」。トウモロコシの汁である。

モローチョはコーンスターチ（トウモロコシから作るデンプン粉）を湯で煮込んだドロドロをベースに、さらに生のトウモロコシや缶詰のスイートコーンをミキサーにかけたドロドロを加え、後は砂糖なんかを入れて作る徹底的にドロドロのトウモロコシ汁だ。ほのかに甘いトウモロコシの粥と言ってもいい。

飲みものと食べものの境界線上にあるようなこのドロドロは、別に初めての出会いではなかった。朝食代わりによくエクアドルでも啜っていたものだ。アジアの国の麺か粥か、ヨーロッパの国のカフェオレを啜るがごとくに。しかし、燃料補給のための手頃な食べもの、という意識しかなかったこのトウモロコシ汁にこのタイミングで遭遇したことは、後になって感じるのだが、まったくもって奇跡的なことだった。それほどわたしの体はここで口にしたモローチョによって劇的に快方へと向かうのである。

体温より少し高い温度の微妙な生温かさと、溶けかかった消化物のような微妙なドロドロさ、さらには穀物特有の鈍いコクを有する微妙な甘さが、粘りながらザラっと微妙な存在感でノドの奥を通っていった。

「そうかそうか、こいつが良かったのか。ずっと無理させてしまっていて、どうにもすまなんだなぁ」

体に対するいたわりの気持ちとともに腹の中に収まっていくトウモロコシ汁は、痛めつけられた胃の粘膜をやさしく包み込んでくれた。もはや吐き気は起こらず、口からは安堵のため息が一嘆、二嘆。何とかこれで生きていける。夢と希望と勇気が沸いて、全身に力がみなぎる、そんな心持ちであった。

旅先で出会う親切や、困ったときの手助けは身にしみるというが、一杯のモローチョがもたらしてくれたやさしさは心底、しみた。旱天の慈雨、地獄に仏、荒れ狂う海にウシュアイア、である。その後、別の町に移動しても真っ先にモローチョ売りの屋台へ目がいくようになった。元来どんな町にもある食いものだから、一生懸命に探さなくたってすぐに見つかる。何にしても通院するようにモローチョの屋台に行き、点滴を打つようにモローチョを啜り、そんなトウモロコシ汁中心の食生活をしばらく続けていると日に日に体力が戻っていった。

モローチョにはいろんなバリエーションがあった。トウモロコシの種類はもちろん、粒の砕き具合の違いでも味は異なる。シナモンを入れたりココナツミルクを入れたりと、店ごとの変化もある。もっともベーシックにコーンスターチだけを煮込んだものは甘くせずに塩味を付けて食ったりする。ついでだが、トウモロコシではなく豆を使ったドロドロ汁もあった。そして、みんなわたしにやさしかった。つつましくひかえめで、柔和で温かった。売っているオバチャンが無愛想だったり、厳しい顔で代金をひったくっても、とりあえずそれは関係ない。陶器やヤシのコップの中、トウモロコシのカスと一体になってひっそり息づくドロドロ汁は聖母であり、菩薩であり、そこには現代人が忘れかけた慈悲の心があった。現代人が求めてやまない癒しの力が存在するのである。こうなると美味い不味いではなく、食べものへの感謝が自然と口から出て、

「トウモロコシの神よ、ありがとう」

と、そんな神様がいるかどうか分からないけど、何やら宗教的な言葉を捧げたい気持ちであった。

やがてバナナが食え、イモが食え、肉が食えるようになった。いつまでも密入国状態ではいられないので、再び小型モーターボートに乗り込んで、知らんぷりしてエクアドルへ

国境近くの港町にある船着場と桟橋（コロンビア）

戻ることにした。

「クジラだ、クジラだ」

帰路の舟旅は、太平洋の沖合い遠くに飛び跳ねるザトウクジラの姿を見つけては同乗者が騒ぐ、なかなか楽しいものになった。そして、そんな道中、波に揺られながら何人かがやはり飯を食い出す。

ある母娘が取り出したのは、ココナツミルクで煮込んだ魚と、薄黄色に揚げられたバナナだった。煮魚はプラスチックのタッパーに入っていて、すっかりグズグズに崩れ、いかにも前日に食った残りオカズを詰めてきた風。揚げバナナの方は平たく潰され、やや厚めのポテトチップス風。この〝バナナチップ〟は「パタコン」と呼ばれるもので、家庭や飯屋で作っているところをよく見かけた。蒸したバナナを輪切りにし、ビン底で軽く潰してから油で揚げるのである。塩を振れば子供たちが食うスナック菓子になるし、酒を飲む大人たちのツマミにだってちょうどいい。さらにこうしてオカズと合わせれば皆で食う主食の立ち位置となる。

すぐ横では別の人たちが別のバナナを食い出した。バナナのコロッケ「ボロン」である。これはジャガイモではなく、粗くマッシュしたバナナを丸めて揚げたものだそうだ。舟上ではこぶしぐらいの大きさの〝バナナコロッケ〟を数人が手に持ってかじり付いている。割ると中には煮付けた鶏肉の具が入っていて、そんな塩味のきいたボロンを青空の下でにこやかに食い合っている様は、まるで昼ご飯に〝おむすび〟を頬張る小学生の遠足のようだった。

彼らを端から見ていたコメ食いの民は、ここに来てハタと膝を打つ。この国におけるバナナのポジションとはなるほどそういうことだったのか、つまりはおれたちが食う〝おむすび〟だったのかと。世界有数のバナナ生産国が抱える大切な何かを理解した気になって、わたしの胃袋は地球の裏側の海でまた一つ大人になった。

＊

クジラを見付けること以外にさしたる用事もない平穏な海を進む舟旅では、飯を食うことは立派な〝用事〟だった。それをこなすために各員それぞれ乗船前からいろいろ準備をし、食いたい飯をあえて持ち込んでいるのだ。おそらく誰もがうすうす気付いているのであろう。潮風を浴びながら海の上で食う飯は、いつもと一味違う格別の美味さがあるということに。

もうだいぶ以前、漁師の船に乗せてもらってあっちの海こっちの海で漁の現場を見て回るという、実に幸せな仕事をしたことがある。さらに幸せなことにほとんど船酔いしない体質らしく、さらにさらに幸せなのが漁の合間に漁師たちが食う極上の飯とそこで出会えたことだった。

太平洋の黒潮の流れに乗ってカツオを追う土佐の一本釣り漁師たちは、海から釣り上げてすぐのカツオをすぐに捌いて食っていた。

カツオやマグロなどの赤身魚は獲れたてよりも日を置いて熟成させた方がアミノ酸分解が進んでがうま味が増すなんて言われるが、そんなウンチクとは別次元の味覚がそこにはあった。どんなに早くても陸の港へ水揚げするには数時間、下手すりゃ数日もかかるカツオの一本釣り漁船。他方、船上で食うカツオはほとんど黒潮で泳いでるまんまの状態だ。港でだってけっして味わえない、そこにしかない食感、そこにしかない香り、そこにしかない唯一無二の美味がある。

忙しいときには漁師たちはそのカツオの切り身をどんぶりに盛った炊きたて飯の上にドカドカと乗せ、上から醤油と湯をぶっかけただけの湯漬けをかっ込む。あればノリをわしずかみで投入。ざくざくと一気呵成に食えるこの湯漬け、半生に煮えたカツオとそのカツオから出るダシの美味さが、噛みしめるコメ粒たちと渾然一体となって大いに口の中で爆発するのである。

秋から冬のかけて、寒いオホーツク海でサンマの棒受け網漁をする漁師たちは、揚がってすぐのサンマをすぐに捌いて食っていた。丸ごとのサンマの皮を一瞬で剥いでしまう技も見事だったが、まんべんなく覆う脂で真っ白に見える青魚の魚体もすこぶる見事なものである。そんな脂が乗りまくったサンマの刺身は、醤油とたっぷりの一味トウガラシをかけて食うに限ると漁師たちは言う。

「ワサビじゃ脂に負けっちまう」

と彼らの前には一味トウガラシまみれの赤い刺身。このサンマの刺身にはワサビの「ツーン」じゃ間に合わない。「ピリピリ」するぐらいに刺激的なトウガラシの辛さがちょうどいいのである。

九州沖でマグロの延縄漁をしていた漁師は、釣れたマグロをけっして食うことはなかった。高値で売れる本マグロはもちろんのこと、キハダも、メバチもすぐに血抜きされ、すぐに船倉行きなのである。

彼らが食うのは同じ延縄に掛かって揚がるシイラだった。青く黄色く銀色に輝くメタルカラーの魚は日本では食べる魚としての知名度は高くないが、ハワイあたりだと「マヒマヒ」などと呼ばれる人気の高級魚。淡白でさっぱりした味わいで、どうしてなかなか美味い魚である。マグロに比べればたいして高値も付かないこのシイラを、マグロ漁師たち厚切りの刺身にして船上でしこたま食う。醤油を付けて食い、食い飽きれば醤油にマヨネーズを混ぜてそれを付けて食う。そして、まだ食い飽きていなくたって、たっぷりのマヨネーズ醤油にくぐらせた新鮮なシイラはいつだって飯のオカズにいい。疲れた身体に爽や

仕事の合間に飯をかっ込むカツオ漁師たち（日本）

かな油分と元気をくれる船上飯なのである。

秋田沖、日本海の底引き漁船は「ゴッコ（ホテイウオ）」を味噌汁の具にして食っていた。ゴッコとは深い海にいるいたく不恰好ななりをした魚だ。ただ、厚いゼラチン質に覆われた身はアンコウに似ていて、冬になれば太って「布袋さん」のように丸みを帯び、やはりアンコウ同様の素晴らしく美味い肝が食える。

甲板に揚げた底引き網の中にゴッコを見付けた漁師は、ササっと簡単に捌いて、湯を沸かした大鍋に投入した。当然、肝もいっしょに、ついでに雑多な貝や小魚もぶち込んでしまう。彼らは漁に出るとき家から弁当を持参しているのだが、それはほとんど炊いた白飯だけ。特段おかずは用意しなくていい。仕事の合間に食う船上の昼飯にはこの日に獲れたばかりの魚介で作る一期一会の具沢山汁が、ゴッコの肝が溶け込んだ極上味噌汁が待っているからである。

これらはみんな海の上で食う飯である。もっと言えば、海で調達したものを海の上で食う飯だ。食うために海に出ることとは人間にとってはきっと必然だったのであろう。何しろこの天体は表面の七割が海に占められているのだから。そして、海には陸地より圧倒的に豊富な量と種類の食材があった。まだ見ぬ食いものを求めて人々は海に向かい、まだ誰も知らぬ美味に漁師たちが真っ先に海の上で遭遇し、昨日も今日も、きっと明日も、船の上で食っているのである。

そうこうしているうちに無事にエクアドルに戻った。港の飯屋の店先にはまたまたカニが山盛りになっていた。陸に降り立ったそのときの人類は、元気に堂々と大股の二足歩行でカニ山の前を通り過ぎ、すぐ先に見えていた揚げバナナの山へと向かった。山のすぐ隣では、どっかの誰かが、わたしがまだ食ったことない海の幸を皿に乗せ、たいそう美味そうに食っていたのである。

あとがき

生まれ育った土地を離れ旅を続ける者たちは、身を寄せる異国でどうにか故郷の味を作り皆でむさぼっていた。戦争で友を亡くした老人は、かつてその友と食った膳に今も向かう。人は「御馳走」を介して人と繋がる。

飲食は集団の結束を生み、ときに集団の差異化ももたらしていた。同じものを食うから仲間。食えない奴は敵。信仰や民族や生きざまの違いは食という形で発露し、皿の上にそれぞれのコミュニティが現れ、もの喰う行為がアイデンティティを確認する媒体となった。

もし宇宙人が来たらこの惑星の住民はどうもてなすのだろう。西アフリカのおばちゃんはやっぱりポテトグリーンを差し出し、「地球は美味いぞ」なんて言うのかも。さまざまな人にさまざまな食を饗され、もてなされた。空腹と満腹の間を漂い、胃袋で発見する未知の天体の数々。どうも「御馳走様」でした。

二〇二四年三月　　　木村　聡

［著者略歴］

木村 聡（きむら・さとる）

1965年生まれ。フォトジャーナリスト。新聞社勤務を経て94年よりフリーランス。国内外のドキュメンタリー取材を中心に活動。著作に『ベトナムの食えない面々』（めこん）、『千年の民〈ジプシー〉のゆくえ』（新泉社）、『満腹の情景』（花伝社）、『メコンデルタの旅芸人』（コモンズ）、『米旅・麺旅のベトナム』『不謹慎な旅——負の記憶を巡る「ダークツーリズム」』（以上、弦書房）など。

ホームページ：www.pjkimura.net

満腹の惑星——誰が飯にありつけるのか

二〇二四年三月三〇日発行

著 者 木村 聡

発行者 小野静男

発行所 株式会社 弦書房

（〒810・0041）

福岡市中央区大名二—二—四三

ELK大名ビル三〇一

電 話 〇九二・七二六・九八八五

FAX 〇九二・七二六・九八八六

組版・製作 合同会社キヅキブックス

印刷・製本 シナノ書籍印刷株式会社

ISBN978-4-86329-282-6 C0036

フランスの植民地、ベトナム戦争の経験さえも取り入れながら育まれた豊かな米食文化の国「ベトナム」を30年以上にわたって取材し続けた写真家による写真記録集。もうひとつの瑞穂の国・箸の国は、懐かしさと驚きにあふれていた。〈A5判・220頁〉

米旅・麺旅のベトナム

木村聡
1800 円

人間の負の遺産をめぐる旅へ。哀しみの記憶を宿す場所があることを忘れないために。天災・公害・戦争・差別・事故等の現場へ。「光」を観るか、「影」を観るか。40項目の場所と地域へご案内。写真165点余と現地の声を伝える渾身のルポ。〈A5判・264頁〉

不謹慎な旅

負の記憶を巡る
「ダークツーリズム」

木村 聡
2000 円

熊本の小さな村で、里・川・山の恵みをいただき自然といっしょに暮していく安心感・充足感を写真と文で生きいきと伝える。さらに、著者自ら、地元の若い世代たちと「まつりを創る」ようすを収録した画期的な一冊。〈A5判・208頁〉

食べて祀《まつ》って

小さな村の祭りとお供え物

2000 円

太陽と美食の迷宮都市、南イタリアのプーリア州を皮切りに、イタリアの建築史、都市史の研究家として活躍する著者が、路地を歩き、人々とふれあいながら、イタリアの都市の魅力を再発見。蘇る都市の秘密に迫る。〈四六判・260頁〉

イタリアの街角から

スローシティを歩く

2000 円

＊表示価格は税別